आचार्य चाणक्य प्रणीत

सम्पूर्ण चाणक्य नीति एवं चाणक्य सूत्र

(लोकव्यवहार, धर्म व राजनीति का विश्वकोश)

अनुवादक

आचार्य वादरायण

सम्पादक

ओमप्रकाश शर्मा

वाणी प्रकाशन

प्रकाशन के उत्कृष्टतम 60 वर्ष

पेपरबैक पहला संस्करण : 2011
पेपरबैक दूसरा संस्करण : 2017
पेपरबैक तीसरा संस्करण : 2018
पेपरबैक चौथा संस्करण : 2020
पेपरबैक पाँचवाँ संस्करण : 2023

vaniprakashan.com

वाणी प्रकाशन

4695, 21-ए, दरियागंज, नयी दिल्ली-110 002

फ़ोन : +91 11 23273167, 23275710

शाखाएँ

अशोक राजपथ, पटना-800 004, बिहार
कॉफ़ी हाउस कैम्पस, महात्मा गांधी मार्ग, इलाहाबाद-211 001, उत्तर प्रदेश
महात्मा गांधी अन्तरराष्ट्रीय हिन्दी विश्वविद्यालय, वर्धा-442 001, महाराष्ट्र
36/ए, शेक्सपियर सरणी, रानी बिरला गर्ल्स कॉलेज के पास, कोलकाता-700 017, प. बंगाल
sales@vaniprakashan.in
vaniprakashan@gmail.com

Sampoorna Chanakya Neeti Evam Chanakya Sootra
Translated by Aacharya Vadrayan
Edited by Omprakash Sharma

ISBN : 978-93-5229-166-3
History/Religion/Politics

मूल्य : ₹ 150

आर. टेक ऑफ़सेट प्रिंटर्स, दिल्ली-110 032 में मुद्रित

वाणी प्रकाशन का लोगो मक़बूल फ़िदा हुसेन की कूची से

'**चाणक्य नीति**' आचार्य चाणक्य के विश्वविश्रुत ग्रन्थ 'कौटिलीय अर्थशास्त्र' का संक्षिप्त संस्करण है, जिसमें धर्म, समाज तथा राजनीति के गूढ़ तत्त्वों को अत्यन्त सरल शैली में प्रस्तुत किया गया है। इस ग्रन्थ का अध्ययन करने वाला व्यक्ति धर्मशास्त्रों में निरूपित सभी करणीय-अकरणीय कर्मों की जानकारी प्राप्त करके सत्कर्मों का अनुष्ठान कर सकता है। एक पद्य में तो यह भी कहा गया है— **येन विज्ञातमात्रेण सर्वज्ञत्वं प्रतिपद्यते।** अर्थात् इसे जानने वाला व्यक्ति राजनीति का पूर्ण विद्वान् बन जाता है।

संस्कृत भाषा में लिखा गया यह ऐसा महत्त्वपूर्ण ग्रन्थ है, जिसमें लोकव्यवहार, धर्म तथा राजनीति से सम्बन्धित ऐसी अनेक शिक्षाप्रद व उपयोगी जानकारी का समावेश है, जिसे जानकर कोई भी व्यक्ति, जीवन के किसी भी क्षेत्र में सफलता प्राप्त कर सकता है। वास्तव में, 'चाणक्य नीति' भारतीय चिन्तन-पद्धति का विश्वकोश है, जिसने सभी पाश्चात्य विद्वानों की बोलती बन्द कर दी है तथा जिसकी तुलना का ग्रन्थ पूरे विश्व में कहीं भी नहीं मिलता।

चाणक्य सूत्र भी अत्यधिक महत्त्वपूर्ण हैं, अतः हम अपने पाठकों के लिए इन सूत्रों को भी इसी पुस्तक में दे रहे हैं, ताकि हमारे पाठकों को इनकी भी जानकारी हो जाये और उन्हें इनको ढूंढ़ने के लिए अन्यत्र भटकना न पड़े।

अधीत्येदमर्थशास्त्रं नरो जानाति सत्तमः।
धर्मोपदेशवियातं कार्याकार्यं शुभाशुभम्।।

सम्पादकीय

इस तथ्य से लगभग सभी सहमत हैं कि राजनीति छल-कपट, धोखाधड़ी, प्रतिशोध, प्रतिहिंसा, विश्वासघात और षड्यन्त्रों की नीति है। अंगरेजी भाषा के एक विचारक के शब्दों में तो—Politics is the last resot of the scoundrels. राजनीति को धूर्तों का व्यवसाय माना गया है। ऐसी नीति को समझना कोई बच्चों का खेल नहीं है। राजनीति को समझना केवल राजनीतिज्ञों के लिए ही नहीं, अपितु अन्य सबके लिए भी अत्यन्त आवश्यक है; क्योंकि इसकी उचित जानकारी होने से लोग ग़लत काम करने तथा उसका फल भुगतने से बच जाते हैं।

आचार्य चाणक्य ने इस उद्देश्य से जिस ग्रन्थ-रत्न की रचना की, उसे 'कौटिलीय अर्थशास्त्र' कहा जाता है। अर्थशास्त्र से यहां अभिप्राय 'इकनोमिक्स' से नहीं है, अपितु 'राजनीतिशास्त्र' से है। प्राचीनकाल में राजनीतिशास्त्र के लिए इसी शब्द का प्रयोग किया जाता था।

आचार्य चाणक्य ने इस ग्रन्थ में प्राचीन आचार्यों के सभी राजनीतिशास्त्रपरक ग्रन्थों का सार-संग्रह किया है। उन्होंने अपने ग्रन्थ के आरम्भ में अपने से पूववर्ती इस क्षेत्र के अनेक ग्रन्थकारों का संकेत करते हुए लिखा है—**पृथिव्यां लाभे पालने च यावन्तरूर्थशास्त्राणि पूवाचार्यौः प्रस्थापितानि संहृत्यै-कमिदमर्थशास्त्रं कृतम्।**

आचार्य चाणक्य के माता-पिता द्वारा उन्हें दिया गया नाम विष्णुगुप्त था, परन्तु उनके आठ अन्य नाम भी थे—

वातस्यायनः मल्लनागः कौटिल्यश्चणकात्मजः।
द्रमिलः पक्षिलः स्वामीवराणकः गुलोऽपिवा॥

वात्सयासन, मल्लनाग, कौटिल्य, चाणक्य, द्रमिल, पक्षिल, वराणकस्वामी तथा गुलस्वामी।

इन आठों नामों में से चणक का पुत्र होने के कारण उनके चाणक्य तथा

कुटिल नीति का पक्षधर होने के कारण कौटिल्य नाम अधिक प्रसिद्ध हुए। आज हम विष्णुगुप्त को इन दो—चाणक्य और कौटिल्य—नामों से ही जानते हैं।

'चाणक्य नीति' आचार्य चाणक्य के विश्वविश्रुत ग्रन्थ 'कौटिलीय अर्थशास्त्र' का संक्षिप्त संस्करण है, जिसमें धर्म, समाज तथा राजनीति के गूढ़ तत्त्वों को अत्यन्त सरल शैली में प्रस्तुत किया गया है। इस ग्रन्थ का अध्ययन करने वाला व्यक्ति धर्मशास्त्रों में निरूपित सभी करणीय-अकरणीय कर्मों की जानकारी प्राप्त करके सत्कर्मों का अनुष्ठान कर सकता है। एक पद्य में तो यह भी कहा गया है—**येन विज्ञातमात्रेण सर्वज्ञत्वं प्रतिपद्यते।** कि इसे जानने वाला व्यक्ति राजनीति का पूर्ण विद्वान् बन जाता है।

संस्कृत भाषा में लिखा गया यह ऐसा महत्त्वपूर्ण ग्रन्थ है, जिसमें लोकव्यवहार, धर्म तथा राजनीति से सम्बन्धित ऐसी अनेक शिक्षाप्रद व उपयोगी जानकारी का समावेश है, जिसे जानकर कोई भी व्यक्ति, जीवन के किसी भी क्षेत्र में सफलता प्राप्त कर सकता है। वास्तव में, 'चाणक्य नीति' भारतीय चिन्तन-पद्धति का विश्वकोश है, जिसने सभी पाश्चात्य विद्वानों की बोलती बन्द कर दी है तथा जिसकी तुलना का ग्रन्थ पूरे विश्व में कहीं भी नहीं मिलता।

चाणक्य सूत्र भी अत्यधिक महत्त्वपूर्ण हैं, अतः हम अपने पाठकों के लिए इन सूत्रों को भी इसी पुस्तक में दे रहे हैं, ताकि हमारे पाठकों को इनकी भी जानकारी हो जाये और उन्हें इनको ढूंढ़ने के लिए अन्यत्र भटकना न पड़े।

हिन्दी के पाठक भी इस विश्वविख्यात ग्रन्थ का पठन-पाठन कर सकें, इसी उद्देश्य से हम इसका यह अल्पमोली संस्करण प्रकाशित कर रहे हैं। हमें आशा ही नहीं, अपितु विश्वास है कि हमारे पाठक इस पुस्तक से भरपूर लाभ उठायेंगे।

यदि आपको इस ग्रन्थ से अपने जीवन में कुछ भी सहायता मिले, तो कृपया हमें प्रकाशक के पते पर अवश्य सूचित करें, ताकि आपके अनुभव से हमारे अन्य पाठक भी लाभ उठा सकें।

—विनीत

सम्पादक

पहला अध्याय

प्रणम्य शिरसा देवं त्रैलोक्याधिपतिं प्रभुम्।
नानाशास्त्रोद्धृतं वक्ष्ये राजनीति समुच्चयम्॥1॥

सर्वप्रथम मैं तीनों लोकों के स्वामी श्रीविष्णुनारायणजी के चरणों में सिर झुकाकर उन्हें प्रणाम करता हूं। अब मैं अनेक शास्त्रों से एकत्र किये गये राजनीति के सिद्धान्तों का वर्णन आरम्भ करता हूं।

*

अधीत्येदमर्थशास्त्रं नरो जानाति सत्तमः।
धर्मोपदेश विख्यातं कार्याकार्यं शुभाशुभम्॥2॥

श्रेष्ठ व्यक्ति इस राजनीतिशास्त्र को पढ़कर धर्मशास्त्रों में निरूपित लोगों द्वारा करने व न करने योग्य कार्यों तथा उनके अच्छे व बुरे परिणामों को जानने में सफल हो सकता है।

*

तदहं सम्प्रवक्ष्यामि लोकानां हितकाम्यया।
येन विज्ञात मात्रेण सर्वज्ञत्वं प्रपद्यते॥3॥

मैं लोगों की भलाई के लिए राजनीति के उन गहन एवं सूक्ष्म रहस्यों का वर्णन कर रहा हूं, जिन्हें केवल जानने-भर से ही व्यक्ति सर्वज्ञ हो सकता है।

*

मूर्खशिष्योपदेशेन दुष्टस्त्री भरणेन च।
दुःखितैः सम्प्रयोगेण पण्डितोऽप्यवसीदति॥4॥

मूर्ख शिष्य को कभी उपदेश नहीं देना चाहिए, दुष्टा स्त्री का भरण-पोषण नहीं करना चाहिए तथा दुखी व्यक्तियों का संग-साथ नहीं करना चाहिए। ऐसा करने वाले विद्वान् पुरुष भी सदा दुःख ही पाते हैं।

*

दुष्टा भार्या शठं मित्रं भृत्यश्चोत्तरदायकः।
ससर्पे च गृहे वासो मृत्युरेव न संशयः॥5॥

नीच स्वभाव की पत्नी के साथ रहने वाला, दुष्ट को अपना मित्र समझने वाला, उत्तर-प्रत्युत्तर करने वाले नौकर को अपने घर में रखने वाला तथा जिस घर में सर्प का निवास हो, उसमें रहने वाला व्यक्ति—इन सबकी मृत्यु आ पहुंची ही समझनी चाहिए।

*

आपदर्थे धनं रक्षेद् दारान् रक्षेद् धनैरपि।
आत्मानं सततं रक्षेद् दारैरपि धनैरपि॥6॥

संकटकाल के लिए व्यक्ति को धन का सञ्चय करना चाहिए और पत्नी की रक्षा के लिए धन का व्यय भी करना चाहिए, परन्तु अपनी रक्षा के लिए इन दोनों—धन और पत्नी—का बलिदान करने में भी संकोच नहीं करना चाहिए।

*

आपदर्थे धनं रक्षेच्छ्रीमतश्च किमापदः।
कदाचिच्चलिता लक्ष्मीः सञ्चितापि विनश्यति॥7॥

लक्ष्मी को चञ्चल कहा गया है, वह किसी के पास स्थिर नहीं रहती। सञ्चित धन भी नष्ट हो जाता है। जो आज धनवान् हैं, वे कल भी धनी रहेंगे, इसका क्या भरोसा ? इसीलिए आचार्य चाणक्य कहते हैं कि विपत्ति से बचने के लिए व्यक्ति को धन का सञ्चय करना ही चाहिए।

*

यस्मिन्देशे न सम्मानो च वृत्तिर्न च बान्धवाः।
न च विद्यागमोऽप्यस्ति वासं तत्र न कारयेत्॥8॥

जिस देश अथवा स्थान पर व्यक्ति को सम्मान नहीं मिलता, आजीविका भी सुलभ नहीं होती, उसके भाई–बन्धु भी नहीं रहते तथा विद्या–प्राप्ति में अड़चनें आती रहती हैं, उस स्थान पर व्यक्ति को कभी नहीं रहना चाहिए।

*

धनिकः श्रोत्रियो राजा नदी वैद्यस्तु पञ्चमः।
पञ्च यत्र न विद्यन्ते न तत्र दिवसं वसेत्॥9॥

जिस स्थान पर ये पांचों—आवश्यकता के समय ऋण देने वाला साहूकार, कर्मकाण्ड कराने वाला पुरोहित, न्याय–व्यवस्था की रक्षा करने वाला राजा, सिंचाई आदि की व्यवस्था करने वाली नदी तथा रोगादि की चिकित्सा करके स्वास्थ्य प्रदान कराने वाला वैद्य अथवा डॉक्टर आदि—उपलब्ध न हों, बुद्धिमान् व्यक्ति को ऐसे स्थान पर नहीं रहना चाहिए।

*

लोकयात्रा भयं लज्जा दाक्षिण्यं त्यागशीलता।
पञ्च यत्र न विद्यन्ते न कुर्यात्तत्र संस्थितिम्॥10॥

जहां पर आजीविका के साधन न हों, परमात्मा व परलोक का भय न हो, बुरे कर्म करने वाले लज्जित न होते हों, आपसी स्नेह एवं मधुर व्यवहार न हो तथा आपत्ति में सहयोग करने की भावना न हो—ये पांचों जहां न हों, वहां निवास नहीं करना चाहिए।

*

जानीयात् प्रेषणे भृत्यान् बान्धवान् व्यसनागमे।
मित्रं चापत्तिकालेषु भार्यां च विभवक्षये॥11॥

सेवकों की स्वामिभक्ति का ज्ञान उन्हें काम सौंपने अथवा किसी काम पर लगाने पर होता है, सम्बन्धियों की जांच व्यक्ति को किसी बुरी लत के लग जाने पर होती है, मित्र की परख किसी संकट के समय होती है

और स्त्री की परीक्षा पति के निर्धन हो जाने पर होती है।

*

आतुरे व्यसने प्राप्ते दुर्भिक्षे शत्रुसंकटे।
राजद्वारे श्मशाने च यस्तिष्ठति सः बान्धवः॥12॥

किसी असाध्य रोग का शिकार होने, किसी बुरी आदत की लत पड़ जाने, देश में अकाल की स्थिति हो जाने, शत्रु का भय हो जाने, किसी मुकद्दमे आदि में फंस जाने अथवा परिवार में किसी व्यक्ति की मृत्यु हो जाने पर साथ में खड़ा हो जाने वाला व्यक्ति ही सच्चा मित्र कहलाता है।

*

यो ध्रुवाणि परित्यज्य अध्रुवाणि निषेवते।
ध्रुवाणि तस्य नश्यन्ति अध्रुवाणि नष्टमेव च॥13॥

जो व्यक्ति हाथ में आये निश्चित पदार्थ को छोड़कर अनिश्चित पदार्थ पाने की लालसा में उसके पीछे भागता है, उसके हाथ में अनिश्चित पदार्थ तो आता ही नहीं, आया हुआ पदार्थ भी नष्ट हो जाता है। कहने का आशय यह कि अधिक मिलने की सम्भावना होने पर हाथ में आये पदार्थ को छोड़ देना मूर्खता है।

*

वरयेत् कुलजां प्राज्ञो विरूपामपि कन्यकाम्।
रूपशीलां न नीचस्य विवाहः सदृशे कुले॥14॥

बुद्धिमान् व्यक्ति को रूप-सौन्दर्य से रहित होने पर भी किसी कुलीन कन्या के साथ ही अपना विवाह करना चाहिए। नीच कुल की सुन्दर कन्या से विवाह करना उचित नहीं होता। अपने कुल के समान कुल-परिवार की कन्या से विवाह करना ही उचित होता है।

*

नदीनां शस्त्रपाणीनां नखीनां श्रृंगीणां तथा।

विश्वासो नैव कर्त्तव्यः स्त्रीषु राजकुलेषु च॥15॥

नदियों का, शस्त्रधारी प्राणियों का, लम्बे नाख़ूनों वाले पशुओं का, सींग वाले पशुओं का, स्त्रियों का तथा राजपरिवार के सदस्यों का कभी विश्वास नहीं करना चाहिए।

*

विषादप्यमृतं ग्राह्यममेध्यादपि काञ्चनम्।
नीचादप्युत्तमा विद्या स्त्रीरत्नं दुष्कुलादपि॥16॥

यदि विष से अमृत-जैसे पदार्थ की प्राप्ति होती हो, तो उसका परित्याग नहीं करना चाहिए। इसी प्रकार किसी गन्दे स्थान पर पड़े हुए स्वर्ण को भी ले लेना चाहिए। यदि किसी नीच व्यक्ति के पास कोई विद्या हो, तो उसे भी ग्रहण कर लेना चाहिए और नीच कुलोत्पन्न कन्यारत्न को भी ग्रहण कर लेना चाहिए। यहां यह तथ्य ध्यान में रखने योग्य है कि आचार्य चाणक्य नीच कुल की कन्या को ग्रहण करने की बात कह रहे हैं, उससे विवाह करने की नहीं।

*

स्त्रीणां द्विगुण आहारो लज्जा चापि चतुर्गुणा ।
साहसं षड्गुणं चैव कामश्चाष्टगुणः स्मृतः॥17॥

आचार्य चाणक्य का कहना है कि स्त्रियों का आहार पुरुषों की तुलना में उनसे दुगुना होता है, अर्थात् वे अधिक भोजन करती हैं। इसी प्रकार वे पुरुषों से अधिक लज्जाशील होती हैं, चाहकर भी अपने मन की बात नहीं कह सकतीं। स्त्रियों में साहस पुरुषों से छह गुना अधिक होता है और कामवासना पुरुषों से आठ गुना अधिक होती है।

*

दूसरा अध्याय

अनृतं साहसं माया मूर्खत्वमतिलोभिता।
अशौचत्वं निर्दयत्वं स्त्रीणां दोषाः स्वभावजाः ॥1॥

आचार्य चाणक्य के अनुसार स्त्रियों में ये सात दोष उनके जन्म से ही जुड़े रहते हैं, ये उनके सहज दोष होते हैं—असत्यभाषण, साहस, छल-कपट, मूर्खता, तृष्णा, अपवित्रता तथा निर्दयता।

*

भोज्यं भोजनशक्तिश्च रतिशक्तिर्वराङ्गना।
विभवो दानशक्तिश्च नाऽल्पस्य तपसः फलम्॥2॥

भोजन-सामग्री और पाचनशक्ति, सुन्दर स्त्री और रतिभोग का सामर्थ्य, धन-सम्पत्ति और दान करने की प्रवृत्ति—ये किसी बहुत बड़े तप के फलस्वरूप ही प्राप्त होते हैं।

*

यस्य पुत्रो वशीभूतो भार्या छन्दानुगामिनी।
विभवे यश्च सन्तुष्टस्तस्य स्वर्गं इहैव हि॥3॥

जिसका पुत्र आज्ञाकारी है, जिसकी स्त्री अपने पति के अनुकूल आचरण करने वाली है तथा जो प्राप्त धन से पूर्णतः सन्तुष्ट है, उसके लिए यह पृथ्वी ही स्वर्ग के समान है।

*

ते पुत्रा ये पितुर्भक्ताः सः पिता यस्तु पोषकः।
तन्मित्रं यत्र विश्वासः सः भार्या यत्र निर्वृतिः॥4॥

पिता की सेवा करने वाला पुत्र ही सच्चे अर्थों में पुत्र कहलाने का अधिकारी होता है, उचित ढंग से सन्तान का पालन-पोषण करने वाला व्यक्ति ही सच्चे अर्थों में पिता कहलाने का अधिकारी होता है, विश्वास करने योग्य व्यक्ति ही सच्चा मित्र होता है तथा अपने पति को सुख प्रदान करने वाली स्त्री ही सच्चे अर्थों में पत्नी कहलाने की अधिकारिणी होती है।

*

परोक्षे कार्यहन्तारं प्रत्यक्षे प्रियवादिनम्।
वर्जयेत् तादृशं मित्रं विषकुम्भं पयोमुखम्॥5॥

जिस प्रकार ऊपर से दूध से भरा हुआ दिखाई देने वाला, परन्तु नीचे विष से भरा हुआ घड़ा फेंक देने योग्य होता है, उसी प्रकार पीठ-पीछे काम बिगाड़ने वाला तथा सामने मीठी-मीठी बातें करने वाला मित्र भी त्याग देने योग्य होता है।

*

न विश्वसेत् कुमित्रे च मित्रे चाऽपि न विश्वसेत्।
कदाचित् कुपितं मित्रं सर्वं गुह्यं प्रकाशयेत्॥6॥

आचार्य चाणक्य के मतानुसार सच्चे और विश्वसनीय मित्र को भी अपने सारे दोष नहीं बताने चाहिए, उस पर भी अन्धविश्वास नहीं करना चाहिए तथा कुमित्र को तो किसी रहस्य की जानकारी देनी ही नहीं चाहिए। हो सकता है कि वह मित्र किसी कारणवश आपसे नाराज़ हो जाये और आपके रहस्य को प्रकाशित करने की धमकी देकर आपको कोई अनुचित काम करने पर विवश करे। अतः उससे भी कुछ परदा रखना ही चाहिए।

*

मनसा चिन्तितं कार्यं वाचा नैव प्रकाशयेत्।
मन्त्रैव रक्षयेद् गूढं कार्ये चापि नियोजयेत्॥7॥

अपने मन में सोची हुई किसी योजना को किसी के भी सामने प्रकट

नहीं करना चाहिए, अपितु उसे मन्त्र के समान गुप्त रखकर ही कार्यरूप में परिणत कर देना चाहिए।

*

कष्टं च खलु मूर्खत्वं कष्टं च खलु यौवनम्।
कष्टात् कष्टतरं चैव परगेहनिवासनम्॥8॥

जिस प्रकार मूर्खता अनेक अनर्थों की जड़ होती है और बहुत दुःखदायी होती है, उसी प्रकार जवानी भी अन्धी होती है और उसे भी दुःखदायक ही माना जाता है, परन्तु इससे भी अधिक कष्टदायक दूसरों के घर में निवास करना होता है। उसमें कष्ट होता है।

*

शैले शैले न माणिक्यं मौक्तिकं न गजे गजे।
साधवो न हि सर्वत्र चन्दनं व वने वने॥9॥

जिस प्रकार मणियां सभी पर्वतों पर नहीं होतीं, जिस प्रकार गजमुक्ता सभी हाथियों में नहीं मिलते और जिस प्रकार चन्दन के वृक्ष सभी वनों में नहीं मिलते, उसी प्रकार सच्चे साधु भी सब स्थानों पर नहीं मिलते।

*

पुत्राश्च विविधैः शीलैर्नियोज्याः सततं बुधैः।
नीतिज्ञाः शीलसम्पन्नाः भवन्ति कुलपूजिता॥10॥

आचार्य चाणक्य बुद्धिमान् व्यक्तियों को यह राय दे रहे हैं कि उन्हें अपने पुत्रों को बचपन से ही प्रयत्नपूर्वक चरित्र-निर्माण करने वाले कामों में लगाना चाहिए, तभी वे चरित्रवान् एवं नीति-निपुण बनकर समाज में आदर-सम्मान प्राप्त कर सकेंगे।

*

माता शत्रुः पिता वैरी याभ्यां बाला न पाठिताः।
न शोभन्ते सभामध्ये हंसमध्ये बकाः यथा॥11॥

जो माता-पिता अपने बालकों को सुशिक्षित नहीं करते, वे उनके हितचिन्तक न होकर शत्रु ही होते हैं। जिस प्रकार रूप-रंग में एक समान होने पर भी बगुला हंसों के बीच शोभायमान नहीं होता, उसी प्रकार धन-सम्पत्ति से सम्पन्न होने पर भी अशिक्षित व्यक्ति समाज में शोभायमान नहीं होता।

*

लालनाद् बहवो दोषास्ताडनाद् बहवो गुणाः।
तस्मात्पुत्रं च शिष्यं च ताडयेन्न तु लालयेत्॥12॥

लाड़-प्यार में अनेक दोष हैं और ताड़ना में अनेक गुण हैं, इसीलिए आचार्य चाणक्य माता-पिता एवं गुरुओं को परामर्श देते हुए कह रहे हैं कि बालकों को अधिक लाड़-प्यार देने से वे स्वेच्छाचारी हो जाते हैं। अतः यदि वे अपने पुत्रों और शिष्यों का हित करना चाहते हैं, तो उन्हें उनकी ताड़ना करनी चाहिए, ताकि वे अपने कर्तव्य का उचित रूप से पालन करना सीख सकें।

*

श्लोकेन वा तदर्द्धेन तदर्धार्धाक्षरेण वा।
अवन्ध्यं दिवसं कुर्याद् ध्यानाध्ययन कर्मभिः॥13॥

व्यक्ति को चाहिए कि वह प्रतिदिन शास्त्र का एक श्लोक, अन्यथा आधा श्लोक ही पढ़े या फिर आधे का आधा ही पढ़े और अपने दिन को सार्थक बनाये। जो व्यक्ति शास्त्र का एक भी अक्षर नहीं पढ़ता, उसके जीवन को निरर्थक समझना चाहिए।

*

कान्तावियोगः स्वजनापमानो
ऋणस्य शेषः कुनृपस्य सेवा।
दरिद्रभावो विषमा सभा च
विनाऽग्निनैते प्रदहन्ति कायम्॥14॥

अपनी प्रियतमा का वियोग, अपने सम्बन्धियों द्वारा किया गया अपमान, ऋण का भुगतान न कर पाना, दुष्ट स्वामी की चाकरी, दरिद्रता तथा मूर्खों के समाज में निवास—ये ऐसे दुःख हैं, जो मनुष्य को बिना अग्नि के ही जलाते रहते हैं।

*

नदीतीरे च ये वृक्षाः परगेहे या कामिनी।
मन्त्रिहीनाः ये राजानः शीघ्रं नश्यन्त्यसंशयम्॥15॥

यह एक संशयरहित सत्य है कि नदी के किनारे पर उगे हुए वृक्ष, दूसरे के घर में निवास करने वाली स्त्री और मन्त्रियों से रहित राजा शीघ्र ही नष्ट हो जाते हैं।

*

बलं विद्या च विप्राणां राज्ञां सैन्यं बलं तथा।
बलं वित्तं च वैश्यानां शूद्राणां परिचर्यकम्॥16॥

ब्राह्मणों की शक्ति उनकी विद्या होती है, राजाओं की शक्ति उनकी सेना होती है, वैश्यों की शक्ति उनका धन होता है और शूद्रों की शक्ति ब्राह्मण, क्षत्रिय और वैश्य की सेवा करना है।

*

निर्धनं पुरुषं वेश्या प्रजा भग्नं नृपं त्यजेत्।
खगाः वीतफलं वृक्षं भुक्त्वा चाभ्यागतो गृहम्॥17॥

जिस प्रकार वेश्या अपने प्रेमी को धनहीन होते ही छोड़ देती है, जिस प्रकार प्रजा पराजित व हतोत्साहित राजा को छोड़ देती है, जिस प्रकार पक्षी फलरहित वृक्ष को छोड़ देते हैं, उसी प्रकार अतिथि को भी गृहस्थ के घर भोजन कर लेने पर उस घर को तुरन्त छोड़ देना चाहिए, अन्यथा गृहस्थ को ही अतिथि को जाने के लिए कहना पड़ेगा।

*

गृहीत्वा दक्षिणां विप्रास्त्यजन्ति यजमानकम्।
प्राप्तविद्या गुरुं शिष्याः दग्धारण्यं मृगास्तथा॥18॥

जिस प्रकार पुरोहित अपने यजमान से दक्षिणा मिलते ही उसे छोड़ देता है, जिस प्रकार विद्या समाप्त करने पर शिष्य अपने गुरु को छोड़ देता है, उसी प्रकार हरिण आदि पशु भी दावानल से जले हुए वन को छोड़ देते हैं।

*

दुराचारी दुरादृष्टिर्दुरावासी च दुर्जनः।
यन्मैत्री क्रियते पुम्भिर्नरः शीघ्रं विनश्यति॥19॥

दुराचारियों, बुरी दृष्टि वालों, बुरे स्थान में निवास करने वालों तथा बिना किसी कारण दूसरों को हानि पहुंचाने वालों से मित्रता करने वाला व्यक्ति तुरन्त नष्ट हो जाता है।

*

समाने शोभते प्रीतिः राज्ञि सेवा च शोभते।
वाणिज्यं व्यवहारेषु दिव्या स्त्री शोभते गृहे॥20॥

प्रेम बराबर वालों में, अर्थात् समान आयु, वंश, विद्या और आर्थिक स्थिति वालों में ही जंचता है। सेवा किसी सरकारी विभाग में ही करनी चाहिए, निपुणता लोक-व्यवहार में दिखानी चाहिए तथा सुन्दर स्त्री को अपने घर में ही, अर्थात् परदे में ही रहना चाहिए।

*

तीसरा अध्याय

कस्य दोषः कुले नास्ति व्याधिना को न पीडितः ।
व्यसनं केन न प्राप्तं कस्य सौख्यं निरन्तरम्॥1॥

इस संसार में ऐसा कौन व्यक्ति है, जिसके कुल में दोष नहीं है? इस भूतल पर ऐसा कौन व्यक्ति है, जो किसी-न-किसी रोग से कभी पीड़ित न हुआ हो? ऐसा कौन प्राणी है, जिस पर कभी कोई संकट न आया हो और ऐसा कौन जीव है, जिसे जीवन में निरन्तर सुख-ही-सुख मिला हो?

*

आचारः कुलमाख्याति देशमाख्याति भाषणम्।
सम्भ्रमः स्नेहमाख्याति वपुराख्याति भोजनम्॥2॥

व्यक्ति के आचरण से उसके वंश का परिचय मिल जाता है। उसके बोलने से उसके निवासस्थान (प्रदेश) का ज्ञान हो जाता है, उसके व्यवहार से उसके मन के भाव का पता लग जाता है और उसके शरीर को देखकर उसके भोजन का अनुमान हो जाता है।

*

सुकुले योजयेत्कन्यां पुत्रं विद्यासु योजयेत्।
व्यसने योजयेच्छत्रुं मित्रं धर्मे नियोजयेत्॥3॥

बुद्धिमान् व्यक्ति को अपनी कन्या का विवाह सदा श्रेष्ठ परिवार में ही करना चाहिए, अपने पुत्र के विद्या-ग्रहण करने के प्रति सतर्क रहना चाहिए, अपने शत्रु को किसी-न-किसी संकट में उलझाये रखना चाहिए तथा अपने मित्र को सदा ही धार्मिक कार्यों के अनुष्ठान की प्रेरणा देते रहना चाहिए।

दुर्जनस्य च सर्पस्य वरं सर्पो न दुर्जनः।
सर्पो दंशति काले तु दुर्जनस्तु पदे पदे॥4॥

दुर्जन व सांप—इन दोनों में से किसी एक का चुनाव करना हो, तो सांप के साथ रहना अच्छा है, किन्तु दुर्जन का संग-साथ अच्छा नहीं। सांप तो तभी काटेगा, जब मृत्युकाल आयेगा, परन्तु दुर्जन तो पद-पद पर पीड़ित करता रहेगा। अतः दुर्जन हानिप्रद होने के कारण सर्वथा परित्याज्य है।

*

एतदर्थं कुलीनानां नृपः कुर्वन्ति संग्रहम्।
आदिमध्यावसानेषु न त्यजन्ति च ते नृपम्॥5॥

राजा लोग महत्त्वपूर्ण पदों पर कुलीन व्यक्तियों को ही नियुक्त करते हैं; क्योंकि वे राजा के उत्कर्ष, मध्य तथा अपकर्षकाल में समान भाव से साथ निभाते हैं और राजा का साथ कभी नहीं छोड़ते।

*

प्रलये भिन्नमर्यादा भवन्ति किल सागराः।
सागराः भेदमिच्छन्ति प्रलयेऽपि न साधवः॥6॥

प्रलय आने पर सागर का जल अपने तटबन्धों को तोड़कर सारी धरती को जलमय कर देता है। इससे सिद्ध होता है कि मर्यादा का रक्षक माना जाने वाला सागर भी प्रलय काल आने पर अपनी मर्यादा की रक्षा नहीं कर पाता, परन्तु साधु व्यक्ति संकट उपस्थित होने पर भी अपनी मर्यादा का परित्याग नहीं करते। इसीलिए साधु व्यक्ति सागर से भी महान् होते हैं।

*

मूर्खस्तु परिहर्त्तव्यः प्रत्यक्षो द्विपदः पशुः।
भिद्यते वाक्यशल्येन तादृशं कण्टकं यथा॥7॥

मूर्ख व्यक्ति दो पैरों वाला होने पर भी पशु ही होता है। अतः मूर्ख का संग कभी नहीं करना चाहिए। जिस प्रकार पांव में धंसा कांटा दिखाई न

देने पर भी पीड़ा पहुंचाता रहता है, उसी प्रकार मूर्ख व्यक्ति भी अपने सम्पर्क में आने वालों को अपनी गन्दी वाणी से दुखी करता रहता है।

*

रूप-यौवन-सम्पन्नाः विशालकुलसम्भवाः।
विद्याहीनाः न शोभन्ते निर्गन्ध इव किंशुकाः॥8॥

जिस प्रकार किंशुक के पुष्पों के सुन्दर दिखाई देने पर भी गन्धरहित होने के कारण कोई उनकी ओर आकर्षित नहीं होता, उसी प्रकार सुन्दर रूप व यौवन से सम्पन्न होने पर तथा उच्च कुल में जन्म होने पर भी विद्याविहीन व्यक्ति कहीं आदर नहीं पाते।

*

कोकिलानां स्वरो रूपं स्त्रीणां रूपं पतिव्रतम्।
विद्या रूपं कुरूपाणां क्षमा रूपं तपस्विनाम्॥9॥

जिस प्रकार कोयल का आकर्षण उसका मधुर स्वर होता है, स्त्री का सच्चा सौन्दर्य उसका पातिव्रत्य होता है और कुरूपों का रूप विद्या होती है, उसी प्रकार तपस्वी व्यक्तियों की शोभा क्षमा से होती है। क्षमा ही उनका सच्चा सौन्दर्य है।

*

त्यजेदेकं कुलस्यार्थे ग्रामस्यार्थे कुलं त्यजेत्।
ग्रामं जनपदस्यार्थे आत्मार्थे पृथिवीं त्यजेत्॥10॥

यदि परिवार के किसी एक सदस्य का बलिदान देकर कुल की रक्षा होती है, तो उसके परित्याग में संकोच नहीं करना चाहिए। यदि पूरे परिवार का बलिदान करने से गांव की रक्षा होती है, तो परिवार के बलिदान में सोच-विचार नहीं करना चाहिए। यदि जनपद (ज़िला) या प्रदेश को बचाने के लिए गांव का परित्याग करना पड़े, तो उसे तुरन्त छोड़ देना चाहिए। परन्तु यदि अपने बचाव के लिए परिवार के किसी सदस्य की ही नहीं, पूरे परिवार की ही नहीं, जनपद की ही नहीं, अपितु पूरे संसार की भी बलि

देनी पड़े, तो निःसंकोच दे देनी चाहिए; क्योंकि अपने से बढ़कर कुछ भी नहीं हो सकता। किसी भी उपाय से अपनी रक्षा अवश्य करनी चाहिए।

*

उद्योगे नास्ति दारिद्र्यं जपतो नास्ति पातकम्।
मौनेन कलहो नास्ति, नास्ति जागरिते भयम्॥11॥

निरन्तर परिश्रम करने से निर्धनता दूर हो जाती है, नाम का जप करने वाले के सारे पाप नष्ट हो जाते हैं, मौन धारण करने से सारा झगड़ा मिट जाता है तथा जागते रहने से किसी प्रकार के भय की आशंका नहीं रहती।

*

अतिरूपेण वै सीता अतिगर्वेण रावणः।
अतिदानाद् बलिर्बद्धो ह्यति सर्वत्र वर्जयेत्॥12॥

सीता के अति सुन्दर होने से उसका हरण हुआ, रावण के अति गर्व करने से उसका विनाश हुआ और अति दान की प्रवृत्ति से ही राजा बलि बन्धन में पड़ गया। अतः आचार्य चाणक्य का उपदेश है कि मनुष्य को अति नहीं करनी चाहिए।

*

को हि भारः समर्थानां किं दूरं व्यवसायिनाम्।
को विदेशः सविद्यानां कः परः प्रियवादिनाम्॥13॥

जिस प्रकार समर्थ व्यक्ति के लिए कुछ भी कठिन नहीं होता, व्यवसायी के लिए दूरी कुछ अर्थ नहीं रखती, विद्वानों के लिए कोई भी स्थान विदेश नहीं होता, उसी प्रकार मधुर व प्रिय बोलने वाले व्यक्ति के लिए कोई पराया नहीं होता।

*

एकेनापि सुवृक्षेण पुष्पितेन सुगन्धिना।
वासितं तद्वनं सर्वं सुपुत्रेण कुलं तथा॥14॥

जिस प्रकार एक ही वृक्ष अपने पुष्पों की सुगन्ध से सारे वन को सुगन्धित बना देता है, उसी प्रकार एक ही गुणी पुत्र अपने गुणों से सारे कुल को यशस्वी और प्रसिद्ध बना देता है।

*

एकेन शुष्कवृक्षेण दह्यमानेन वह्निना।
दह्यते तद्वनं सर्वं कुपुत्रेण कुलं तथा ॥15॥

जिस प्रकार अग्नि से जलता हुआ एक ही वृक्ष सारे वन को जला डालता है, उसी प्रकार एक ही कुपुत्र से सारा कुल कलंकित हो जाता है।

*

एकेनापि सुपुत्रेण विद्यायुक्तेन साधुना।
आह्लादितं कुलं सर्वं चन्द्रेण शर्वरी यथा ॥16॥

जिस प्रकार एक चन्द्रमा ही रात्रि को जगमगाकर सुखप्रद बना देता है, उसी प्रकार विद्वान्, चरित्रवान् एवं साधुस्वभाव का एक ही पुत्र सारे वंश को चमका देता है और कुल के सभी सदस्यों को आनन्दित कर देता है।

*

किं जातैर्बहुभिः पुत्रैः शोकसन्तापकारकैः।
वरमेकः कुलालम्बी यत्र विश्राम्यते कुलम् ॥17॥

आचार्य चाणक्य के मतानुसार अपने आचरण से शोक और सन्ताप उत्पन्न करने वाले अनेक पुत्रों की अपेक्षा अपने कुल को ऊंचा उठाने वाला और कुल के सदस्यों को सुख देने वाला एक ही पुत्र अच्छा होता है।

*

लालयेत् पञ्चवर्षाणि दशवर्षाणि ताडयेत्।
प्राप्ते तु षोडशे वर्षे पुत्रं मित्रवदाचरेत् ॥18॥

बाल–मनोविज्ञान का विश्लेषण प्रस्तुत करते हुए आचार्य चाणक्य

कहते हैं कि पिता का यह कर्तव्य है कि वह अपने बालकों को पांच वर्ष की आयु तक खूब लाड़-प्यार करे, उसके उपरान्त छह से लेकर पन्द्रह वर्ष की आयु तक उन पर अनुशासन रखे, ताकि वे अपने कर्तव्य को समझ सकें। उसके पश्चात् बालकों के सोलह वर्ष का हो जाने पर उनके साथ मित्र के समान व्यवहार करे।

*

उपसर्गेऽन्यचक्रे च दुर्भिक्षे च भयावहे।
असाधुजनसम्पर्के पलायति यः सः जीवति॥19॥

भयानक उपद्रव आदि होने पर, प्रबल शत्रु द्वारा आक्रमण होने पर, अकाल पड़ने पर, दुष्टों द्वारा राज्यसत्ता हथिया लिये जाने पर तथा दुर्जनों का सम्पर्क होने पर जो नागरिक भाग जाते हैं या छिप जाते हैं, वे ही जीवित रह पाते हैं, अन्यथा इन चारों वित्तियों में डटे रहने वाले कभी-न-कभी मारे ही जाते हैं।

*

धर्मार्थकाममोक्षाणां यस्यैकोऽपि न विद्यते।
जन्म-जन्मनि लोकेषु मरणं तस्य केवलम्॥20॥

मनुष्य-जन्म लेकर भी जो व्यक्ति धर्म, अर्थ, काम और मोक्ष—इन चारों पुरुषार्थों में से किसी एक को भी प्राप्त करने का प्रयास नहीं करता, वह इस संसार में केवल बार-बार मरने के लिए उत्पन्न होता है और उत्पन्न होने के लिए मरता है। उसका जन्म सर्वथा निरर्थक होता है।

*

मूर्खा यत्र न पूज्यन्ते धान्यं यत्र सुसञ्चितम्।
दाम्पत्ये कलहो नास्ति तत्र श्री स्वयमागता॥21॥

मूर्खों के स्थान पर विद्वानों एवं गुणीजनों का आदर होना चाहिए, दुर्दिनों के लिए अन्न का भाण्डार बनाना चाहिए तथा गृहस्थी में कलह का वातावरण नहीं होना चाहिए, तभी सम्पत्ति बढ़ सकेगी। *

चौथा अध्याय

आयुः कर्म च वित्तं च विद्या निधनमेव च।
पञ्चैतानि हि सृज्यन्ते गर्भस्थस्यैव देहिनः॥1॥

जीव के गर्भ में स्थित होते ही उसके जीवन सम्बन्धी निम्नोक्त पांच बातें—आयु, कर्म, धन, विद्या तथा उसकी मृत्यु का समय—परमात्मा पहले से ही लिख देता है।

*

साधुभ्यस्ते निवर्तन्ते पुत्रमित्राणि बान्धवः।
ये च तैः सह गन्तारस्तद्धर्मात् सुकृतं कुलम्॥2॥

जब परिवार का कोई व्यक्ति साधु बन जाता है, संसार के माया-मोह को छोड़कर वैराग्य को अपना लेता है, तो उसके बन्धु-बान्धव स्त्री-पुत्रादि कुछ दूर तक उसके साथ जाकर लौट आते हैं, परन्तु उसके साथ यदि ये भी वैराग्य ग्रहण कर लेते हैं, तो इस प्रकार उनका वंश कृतकृत्य हो जाता है।

*

दर्शन-ध्यान-संस्पर्शैर्मत्सी कूर्मी च पक्षिणी।
शिशुं पालयते नित्यं तथा सज्जन सङ्गतिः॥3॥

जिस प्रकार मछली देख-देखकर ही अपनी सन्तान का पालन करती है और कछुवी केवल ध्यान रखने से ही अपनी सन्तान का पालन करती है, पक्षी अपने स्पर्श मात्र से ही अपनी सन्तान का पालन करते हैं, उसी प्रकार सज्जन अपनी संगति से ही अपने सम्पर्क में आने वालों का दर्शन, ध्यान और संस्पर्शादि से ही कल्याण करते हैं।

यावत् स्वस्थो ह्ययं देहो यावन्मृत्युश्च दूरतः।
तावदात्महितं कुर्यात् प्राणान्ते किं करिष्यति॥4॥

जब तक व्यक्ति का शरीर स्वस्थ है और जब तक मृत्यु पास नहीं आती, तब तक ही मनुष्य को आत्मकल्याण (मोक्ष-प्राप्ति) के लिए प्रयत्न करना चाहिए; क्योंकि शरीर के अस्वस्थ एवं व्याधिग्रस्त हो जाने पर अथवा प्राणान्त हो जाने पर कुछ भी करना सम्भव नहीं होगा।

*

कामधेनुगुणा विद्या ह्यकाले फलदायिनी।
प्रवासे मातृसदृशा विद्या गुप्तं धनं स्मृतम्॥5॥

विद्या कामधेनु के समान गुण से सम्पन्न है। वह अपनी साधना करने वाले को उसका अभीष्ट देने में समर्थ है। दुर्भिक्ष जैसी भयंकर संकट की घड़ी में भी विद्या व्यक्ति को भूखा नहीं मरने देती। परदेश में जाने पर माता के समान रक्षा करती है। विशेष बात यह है कि विद्या एक अदृश्य धन है, जिसको छीना-चुराया नहीं जा सकता, अर्थात् पूर्ण रूप से सुरक्षित है।

*

एकोऽपि गुणवान् पुत्रो निर्गुणैश्च शतैर्वरः।
एकश्चन्द्रस्तमो हन्ति न च ताराः सहस्त्रशः॥6॥

एक गुणवान् पुत्र सैकड़ों गुणहीन पुत्रों से अच्छा है। जिस प्रकार एक ही चांद अन्धकार को दूर करता है, हजारों तारे मिलकर भी अन्धकार को दूर नहीं कर सकते, उसी प्रकार एक गुणी पुत्र ही अपने कुल को चमकाता है, उसे ऊंचा उठाता है, सैकड़ों निकम्मे पुत्र मिलकर भी कुल की प्रतिष्ठा को नहीं बढ़ा सकते।

*

मूर्खश्चिरायुर्जातोऽपि तस्माज्ज्ञातमृतो वरः।
मृतः स चाऽल्पदुःखाय यावज्जीवं जडो दहेत्॥7॥

मूर्ख पुत्र के उत्पन्न होकर चिरजीवी होने की अपेक्षा उसका उत्पन्न

होते ही मर जाना अच्छा है; क्योंकि जन्म लेते ही मर जाने वाले शिशु का दु:ख तो थोड़े समय के लिए होता है, परन्तु मूर्ख पुत्र तो अपने जीवन-भर दु:ख देता रहता है।

*

कुग्रामवासः कुलहीनसेवा।
कुभोजनं क्रोधमुखी च भार्या।
पुत्रश्च मूर्खो विधवा च कन्या
विनाऽग्निगा षट् प्रदहन्ति कायम् ॥8॥

ये छह—1. निकृष्ट—जहां आजीविका सुलभ नहीं तथा लोगों में सामाजिकता नहीं—गांव में निवास करना, 2. किसी नीच पुरुष की नौकरी, 3. गन्दा—सड़ा-गला, बासी तथा अरुचिकर—भोजन, 4. धर्मपत्नी का झगड़ालू होना, 5. पुत्र का अशिक्षित एवं मूर्ख होना और 6. लड़की का विधवा हो जाना—मनुष्य के शरीर को बिना आग के ही जलाते रहते हैं।

*

किं तया क्रियते धेन्वा या न दोग्ध्री न गर्भिणी।
कोऽर्थः पुत्रेण जातेन यो न विद्वान् न भक्तिमान् ॥9॥

जिस प्रकार दूध न देने वाली और गर्भ धारण न करने वाली गाय सर्वथा निरर्थक है, ऐसी गाय को अपने पास रखने को कोई भी प्रस्तुत नहीं होता, उसी प्रकार विद्या से रहित और माता-पिता की सेवा न करने वाला पुत्र भी सर्वथा अवाञ्छनीय है। ऐसी सन्तान से किसी को कोई लाभ नहीं होता।

*

संसार तापदग्धानां त्रयो विश्रान्तिहेतवः।
अपत्यं च कलत्रं च सतां सङ्गतिरेव च ॥10॥

इस संसार के दु:खों से तपते हुए लोगों को तीन स्थानों पर ही शान्ति मिल सकती है—सन्तान, स्त्री तथा सज्जनों का संग-साथ।

सकृज्जल्पन्ति राजानः सकृज्जल्पन्ति पण्डिताः।
सकृत् कन्या प्रदीयन्ते त्रीण्येतानि सकृत् सकृत्॥11॥

राजा द्वारा दिया गया आदेश अटल होता है, विद्वान् पुरुष द्वारा दिया गया वचन अकाट्य होता है तथा कन्या का दान एक बार किया जाता है— ये तीनों एक-एक बार ही किये जाते हैं।

*

एकाकिना तपो द्वाभ्यां पठनं गायनं त्रिभिः।
चतुर्भिर्गमनं क्षेत्रं पञ्चभिर्बहुभी रणम्॥12॥

तप अकेले में और एकान्त में होता है, पढ़ाई दो व्यक्तियों में होती है, गाने का अभ्यास करने के लिए तीन की संख्या पर्याप्त होती है और यात्रा के लिए चार व्यक्ति अपेक्षित हैं। खेत बोने के लिए पांच व्यक्तियों की आवश्यकता होती है और युद्ध के लिए बहुतों की आवश्यकता होती है।

*

सा भार्या या शुचिर्दक्षा सा भार्या या पतिव्रता।
सा भार्या या पतिप्रीता सा भार्या या सत्यवादिनी॥13॥

आदर्श पत्नी के चार गुणों का वर्णन करते हुए आचार्य चाणक्य का कहना है कि जो मन, वचन और कर्म से पवित्र है तथा अपने शरीर और अन्तःकरण से शुद्ध है, जिसके आचार-विचार स्वच्छ हैं, जो गृहकार्यों में निपुण है, जो मन, वचन और कर्म से पति में पूर्णतः अनुरक्त है तथा पति को प्रसन्न करना ही अपना कर्तव्य-कर्म मानती है तथा जो सदा सत्य भाषण ही करती है, उपहास में भी मिथ्या वचन नहीं बोलती, ऐसी पत्नी को पाकर पति सचमुच कृतकृत्य हो जाता है।

*

अपुत्रस्य गृहं शून्यं दिशः शून्यास्त्वबान्धवः।
मूर्खस्य हृदयं शून्यं सर्वशून्या दरिद्रता॥14॥

पुत्रहीन व्यक्ति के लिए उसका घर भी सुनसान होता है, जिसका कोई

सम्बन्धी नहीं है, उसके लिए अपना घर भी दूसरे देश (परदेश) के समान होता है, मूर्ख व्यक्ति का हृदय उदार भावों से सर्वथा शून्य होता है तथा दरिद्र व्यक्ति के लिए सब कहीं सुनसान होता है।

*

अनभ्यासे विषं शास्त्रमजीर्णे भोजनं विषम्।
दरिद्रस्य विषं गोष्ठी वृद्धस्य तरुणी विषम्॥15॥

जिस प्रकार अजीर्ण में खाया गया भोजन विष के समान घातक होता है, उसी प्रकार निरन्तर अभ्यास न करने से शास्त्रज्ञान भी विष के समान घातक हो जाता है। दरिद्र व्यक्ति के लिए गोष्ठी आदि विष के समान होती हैं और वृद्ध व्यक्ति के लिए तरुणी से विवाह करना भी विष के समान ही घातक होता है।

*

त्यजेद् धर्मं दयाहीनं विद्याहीनं गुरुं त्यजेत्।
त्यजेत् क्रोधमुखीं भार्यां निःस्नेहान् बान्धवांस्त्यजेत्॥16॥

दयारहित धर्म, विद्यारहित गुरु, क्रोधी स्वभाव की पत्नी और स्नेहरहित सम्बन्धी त्याग देने योग्य होते हैं।

*

अध्वा जरा मनुष्याणां वाजिनां बन्धनं जरा।
अमैथुनं जरा स्त्रीणां वस्त्राणामातपो जरा॥17॥

यात्रा मनुष्य के लिए वृद्धावस्था लाने वाली होती है। निरन्तर खूंटे से बंधे रहने पर घोड़े असमय में बूढ़े हो जाते हैं। जिन स्त्रियों के पति उनसे मैथुन नहीं करते, वे शीघ्र बूढ़ी हो जाती हैं, इसी प्रकार यदि कपड़ों को बहुत देर तक तेज़ धूप में पड़ा रहने दिया जाये, तो वे शीघ्र ही फट जाते हैं।

*

कः कालः कानि मित्राणि को देशः कौ व्ययागमौ।

कश्चाहं का च मे शक्तिरति चिन्त्यं मुहुर्मुहुः ॥18॥

बुद्धिमान् व्यक्ति को निरन्तर यह विचार करते रहना चाहिए कि मेरा समय कैसा चल रहा है, मेरे मित्र कितने हैं और कौन-कौन हैं, मेरा निवासस्थान कैसा है, मेरी आय और व्यय कितना है, मैं कौन हूं तथा मेरी शक्ति कितनी है?

*

अग्निर्देवो द्विजातीनां मुनीनां हृदि दैवतम्।
प्रतिमा स्वल्पबुद्धीनां सर्वत्र समदर्शिनाम्॥19॥

द्विजातियों—ब्राह्मणों, क्षत्रियों और वैश्यों—का आराध्य देव अग्नि है, मुनियों का आराध्य देव उनके हृदय में विद्यमान रहता है, वह अव्यक्त है, उसके व्यक्त रूप का वर्णन नहीं किया जा सकता, अल्प बुद्धि वालों को अपना मन स्थिर करने के लिए मूर्ति में ही ईश्वर बुद्धि करनी चाहिए, अर्थात् उन्हें प्रतिमा को ही ईश्वर मानते हुए अपना ध्यान केन्द्रित करना चाहिए, किन्तु सर्वज्ञों के लिए तो ईश्वर सर्वव्यापी है। वे तो कण-कण में उसे ही देखते हैं।

*

पांचवां अध्याय

गुरुरग्निर्द्विजातीनां वर्णानां ब्राह्मणो गुरुः।
पतिरेव गुरुः स्त्रीणां सर्वस्याऽभ्यागतो गुरुः॥1॥

द्विजातियों—ब्राह्मण, क्षत्रिय और वैश्य वर्णों—का गुरु अग्नि है, अर्थात् उन्हें नित्य प्रति अग्नि को प्रज्वलित करके यज्ञ-यागादि करना चाहिए। चारों वर्णों का गुरु ब्राह्मण है, अतः पूजनीय है। स्त्रियों का पति ही उनका गुरु होता है, अतः अपने पति को छोड़कर किसी भी साधु अथवा महात्मा को गुरु बनाने का निषेध है तथा अतिथि सब वर्णों और जातियों के लोगों का गुरु एवं पूजनीय होता है।

*

यथा चतुर्भिः कनकं परीक्ष्यते
निघर्षणच्छेदनतापताडनैः।
तथा चतुर्भिः पुरुषः परीक्ष्यते,
त्यागेन, शीलेन, गुणेन, कर्मणा॥2॥

जिस प्रकार सोने की जांच उसे घिसकर, काटकर, गरम करके अथवा पीटकर की जाती है, उसी प्रकार मनुष्य के खरे व खोटेपन की जांच उसकी त्यागवृत्ति, शील, गुण तथा उसके द्वारा किये जाने वाले कर्मों से होती है।

*

तावद् भयेषु भेतव्यं यावद् भयमनागतम्।
आगतं तु भयं वीक्ष्य प्रहर्तव्यमशङ्कया॥3॥

बुद्धिमान् व्यक्ति को भय से तब तक ही डरना चाहिए, जब तक वह

सामने आ नहीं जाता। यदि एक बार भय सामने आ जाये, तो उसका डटकर सामना करना चाहिए और उस पर भरपूर वार करना चाहिए।

*

एकोदरसमुद्भूताः एक नक्षत्र जातकाः।
न भवन्ति समाः शीले यथा बदरिकण्टका॥4॥

जिस प्रकार बेर के वृक्ष पर उगने वाले बेर के फल और कांटों का स्वभाव एक समान नहीं होता, उसी प्रकार एक ही नक्षत्र में तथा एक ही माता के गर्भ से उत्पन्न जुड़वां बच्चे भी एक स्वभाव वाले नहीं होते।

*

निःस्पृहो नाधिकारी स्यान्नाकामो मण्डनप्रियः।
नाविदग्धः प्रियं ब्रूयात् स्पष्टवक्ता न वञ्चकः॥5॥

निःस्पृह, अर्थात् किसी प्रकार की महत्त्वाकांक्षा न रखने वाला व्यक्ति कभी अधिकार पाने की चेष्टा नहीं करता और कामनारहित व्यक्ति कभी सजने–धजने की परवा नहीं करता, जबकि मूर्ख व्यक्ति कभी मधुर वचन नहीं बोल पाता और स्पष्ट वक्ता कभी धोखेबाज़ नहीं होता।

*

मूर्खाणां पण्डिताः द्वेष्या अधनानां महाधनाः।
वाराङ्गनाः कुलस्त्रीणां सुभगानां च दुर्भगाः॥6॥

इस संसार में मूर्ख व्यक्ति अकारण ही विद्वानों से ईर्ष्या करते हैं, धनहीन धनवानों को लूटने वाला समझते हैं तथा वेश्याएं पतिव्रताओं से और विधवाएं सौभाग्यशाली स्त्रियों से द्वेष करती हैं।

*

आलस्योपगता विद्या परहस्तगतं धनम्।
अल्पबीजं हतं क्षेत्रं हतं सैन्यमनायकम्॥7॥

आलस्य के कारण विद्या नष्ट हो जाती है, दूसरे के हाथ में गया हुआ

धन काम नहीं आता, थोड़ा बीज डालने से खेत उजड़ जाता है तथा सेनानायक के बिना सेना नष्ट हो जाती है।

*

अभ्यासाद्धार्यते विद्या कुलं शीलेन धार्यते।
गुणेन ज्ञायते त्वार्यः कोपो नेत्रेण गम्यते॥8॥

निरन्तर अभ्यास करते रहने से विद्या की रक्षा होती है, शील की सुरक्षा से कुल का नाम उज्ज्वल होता है, गुणों के ज्ञान से श्रेष्ठता का पता चलता है तथा नेत्रों से व्यक्ति के क्रोध का पता चल जाता है।

*

वित्तेन रक्ष्यते धर्मो विद्या योगेन रक्ष्यते।
मृदुना रक्ष्यते भूपः सन्नार्या रक्ष्यते गृहम्॥9॥

धर्म की रक्षा धन के द्वारा, विद्या की रक्षा अभ्यास के द्वारा, राजनीति की रक्षा राजा के दयापूर्ण व्यवहार के द्वारा तथा घर की रक्षा कुलीन स्त्री के द्वारा होती है।

*

अन्यथा वेदपाण्डित्यं शास्त्राचारमन्यथा।
अन्यथा वदतः शान्तान् लोका क्लिश्यन्ति चाऽन्यथा॥10॥

वेदों के तत्त्वज्ञान को, शास्त्रों के विधान और सदाचार को तथा सन्तों के चरित्र को मिथ्या व कल्पित कहकर उन पर कीचड़ उछालने वाले व्यक्ति इस लोक में ही नहीं, अपितु परलोक में भी कष्ट उठाते हैं।

*

दारिद्र्यनाशनं दानं शीलं दुर्गतिनाशनम्।
अज्ञाननाशिनी प्रज्ञा भावना भयनाशिनी॥11॥

दान से दरिद्रता का, सदाचार से दुर्गति का, प्रज्ञा, अर्थात् श्रेष्ठ बुद्धि से अज्ञान का तथा सद्भावना से भय का नाश होता है।

नास्ति कामसमो व्याधिर्नास्ति मोहसमो रिपुः।
नास्ति कोपसमो वह्निर्नास्ति ज्ञानात्परं सुखम्॥12॥

संसार में कामवासना के समान कोई रोग नहीं है, मोह के समान कोई शत्रु नहीं है, क्रोध के समान कोई अग्नि नहीं है तथा ज्ञान से बड़ा कोई सच्चा सुख नहीं है।

*

जन्ममृत्यू हि यात्येको भुनक्त्येकः शुभाशुभम्।
नरकेषु पतत्येकः एको याति परां गतिम्॥13॥

जीव अकेला ही जन्म लेता है, अपने द्वारा किये गये अच्छे-बुरे कर्मों के फल को भी अकेला ही भोगता है तथा अपने निकृष्ट कर्मों के फलस्वरूप नरक का पात्र भी अकेला ही बनता है और अकेला ही मोक्ष को भी प्राप्त करता है।

*

तृणं ब्रह्मविदः स्वर्गस्तृणं शूरस्य जीवितम्।
जिताशस्य तृणं नारी निःस्पृहस्य तृणं जगत्॥14॥

ब्रह्मज्ञानी के लिए स्वर्ग तिनके के समान है, शूरवीर के लिए जीवन तिनके के समान है, इन्द्रियों को अपने वश में रखने वालों के लिए नारी तिनके के समान है तथा निःस्पृह—किसी भी पदार्थ की इच्छा न रखने वाले—के लिए यह संसार तिनके के समान है।

*

विद्या मित्रं प्रवासेषु भार्या मित्रं गृहेषु च।
व्याधितस्यौषधं मित्रं धर्मो मित्रं मृतस्य च॥15॥

विदेश जाने वालों का सच्चा मित्र विद्या है, अपने घर में रहने वालों की मित्र उनकी पत्नी है, रोगी व्यक्तियों का मित्र औषध है और मरने वालों का मित्र उनका धर्म है।

*

वृथा वृष्टिः समुद्रेषु वृथा तृप्तेषु भोजनम्।
वृथा दानं धनाढ्येषु वृथा दीपो दिवाऽपि च॥16॥

जिस प्रकार समुद्र में वर्षा व्यर्थ है, जिस प्रकार तृप्त व्यक्ति को भोजन कराना व्यर्थ है, जिस प्रकार धनाढ्यों को दान देना व्यर्थ है, उसी प्रकार सूर्य के प्रकाश में दीपक जलाना भी व्यर्थ है।

*

नास्ति मेघसमं तोयं नास्ति चात्मसमं बलम्।
नास्ति चक्षुः समं तेजो नास्ति धान्यसमं प्रियम्॥17॥

बादलों के जल के समान कोई जल नहीं, आत्मबल के समान कोई बल नहीं, नेत्र-ज्योति के समान कोई प्रकाश नहीं और अन्न के समान कोई प्रिय पदार्थ नहीं।

*

अधनाः धनमिच्छन्ति वाचं चैव चतुष्पदाः।
मानवाः स्वर्गमिच्छन्ति मोक्षमिच्छन्ति देवताः॥18॥

निर्धन व्यक्ति धन चाहते हैं, पशु बोलने की शक्ति चाहते हैं, मनुष्य स्वर्ग का सुख-भोग चाहते हैं और देवता मोक्ष चाहते हैं।

*

सत्येन धार्यते पृथ्वी सत्येन तपते रविः।
सत्येन वाति वायुश्च सर्वं सत्ये प्रतिष्ठितम्॥19॥

पृथ्वी सत्य के बल पर ही स्थिर है, सत्य की शक्ति से ही सूर्य तपता है और सत्य की शक्ति से ही वायु दिन-रात चलती है। इस प्रकार सारी सृष्टि सत्य के बल पर ही टिकी हुई है।

*

चलालक्ष्मीश्चलाः प्राणाश्चले जीवितमन्दिरे।
चलाऽचले हि संसारे धर्म एको हि निश्चलः॥20॥

इस संसार में लक्ष्मी अस्थिर है, प्राण अनित्य हैं, जीवन अस्थिर है और घर-परिवार नश्वर है। इस संसार के सभी पदार्थ नश्वर हैं। केवल धर्म ही नित्य और शाश्वत है।

*

नराणां नापितो धूर्तः पक्षिणां च वायसः।
चतुष्पदां श्रृगालस्तु स्त्रीणां धूर्ता च मालिनी ॥21॥

मनुष्यों में नाई, पक्षियों में कौआ, पशुओं में सियार और स्त्रियों में मालिन धूर्त होते हैं।

*

जनिता चोपनेता च यस्तु विद्यां प्रयच्छति।
अन्नदाता भयत्राता पञ्चैते पितरः स्मृताः ॥22॥

जन्म देने वाला, यज्ञोपवीत संस्कार कराने वाला, विद्या सिखाने वाला, अन्न देने वाला तथा भय से रक्षा करने वाला—ये पांच पिता कहे जाते हैं। पिता के समान ही इन चारों का भी आदर-सत्कार करना चाहिए।

*

राजपत्नी गुरुपत्नी मित्रपत्नी तथैव च।
पत्नीमाता स्वमाता च पञ्चेता मातरः स्मृताः ॥23॥

राजा की पत्नी, गुरु की पत्नी, मित्र की पत्नी, पत्नी की माता और अपनी माता—ये पांचों माताएं एक समान ही कही गयी हैं, अतः उपर्युक्त शेष चारों को भी अपनी माता समझना चाहिए और उन्हें भी माता के रूप में ही आदर-सम्मान देना चाहिए।

*

छठा अध्याय

श्रुत्वा धर्मं विजानाति श्रुत्वा त्यजति दुर्मतिम्।
श्रुत्वा ज्ञानमवाप्नोति श्रुत्वा मोक्षमवाप्नुयात्॥1॥

शास्त्रों के सुनने से व्यक्ति को धर्म के वास्तविक स्वरूप की जानकारी होती है और उसकी दुर्बुद्धि समाप्त हो जाती है। फिर उसे मानव-जीवन के लक्ष्य का ज्ञान हो जाता है। ज्ञान की दृढ़ता से उसका आचरण शुद्ध हो जाता है और उसे मोक्ष की प्राप्ति हो जाती है।

*

पक्षिणां काकश्चाण्डालः पशूनां चैव कुक्कुरः।
मुनीनां पापश्चाण्डालः सर्वचाण्डालस्तुनिन्दकः॥2॥

पक्षियों में कौए को चाण्डाल कहा जाता है, पशुओं में कुत्ता चाण्डाल है, मौनव्रती साधुओं में पापकर्म में प्रवृत्त होने वाले व्यक्ति को चाण्डाल माना जाता है और मनुष्यों में परनिन्दा करने वाले को चाण्डाल ही नहीं, अपितु सबसे बड़ा चाण्डाल माना जाता है।

*

भस्मना शुद्ध्यते कांस्यं ताम्रमम्लेन शुद्ध्यते।
रजसा शुद्ध्यते नारी नदी वेगेन शुद्ध्यते॥3॥

राख के द्वारा मांजे जाने पर कांसे का पात्र शुद्ध हो जाता है। खटाई से मलने पर तांबा शुद्ध हो जाता है। रजस्वला होने से स्त्री शुद्ध हो जाती है और प्रवाह से नदी शुद्ध हो जाती है।

*

भ्रमन् सम्पूज्यते राजा भ्रमन् सम्पूज्यते द्विजः।
भ्रमन् सम्पूज्यते योगी भ्रमन्ती स्त्री तु नश्यति॥4॥

राजा, ब्राह्मण और योगी—ये घूमते हुए ही शोभायमान होते हैं और आदर भी प्राप्त करते हैं। यदि राजा अपने देश के विभिन्न क्षेत्रों में जाकर प्रजा से सम्पर्क न करे, तो वह नष्ट हो जायेगा। यदि ब्राह्मण भ्रमण नहीं करेगा, तो उसे नये यजमान प्राप्त नहीं होंगे और यदि योगी एक ही स्थान पर रहेगा, तो वह आसक्ति में पड़ जायेगा। परन्तु जहां ये तीनों भ्रमण करते हुए ही शोभा पाते हैं, वहीं स्त्री का घुमक्कड़ होना अवाञ्छनीय माना जाता है; क्योंकि ऐसी स्त्री आसानी से दूसरों के चंगुल में फंस जाती है और अपने जीवन को नष्ट कर लेती है।

*

यस्यार्थास्तस्य मित्राणि यस्यार्थास्तस्य बान्धवाः।
यस्यार्थाः सा पुमांल्लोके यस्यार्थाः स च पण्डितः॥5॥

धन की प्रतिष्ठा को लेकर आचार्य चाणक्य का कहना है कि प्रायः धनवान् व्यक्ति के ही मित्र व बन्धु-बान्धव होते हैं और धनवान् को ही विद्वान् व सम्मानित व्यक्ति माना जाता है।

*

तादृशी जायते बुद्धिर्व्यवसायोऽपि तादृशः।
सहायास्तादृशा एव यादृशी भवितव्यता॥6॥

व्यक्ति की जैसी होनहार होती है, उसकी बुद्धि भी वैसी हो जाती है। वह वैसे ही कामों में जुटता है और तब उसे सहायक भी वैसे ही मिल जाते हैं।

*

कालः पचति भूतानि कालः संहरते प्रजाः।
कालः सुप्तेषु जागर्ति कालो दुरतिक्रमः॥7॥

काल सर्वाधिक बलवान् है और काल ही जीवों का संहार करता है।

काल का चक्र दिन–रात सृष्टि की स्थिति और प्रलयकाल में भी निरन्तर अबाध गति से चलता रहता है।

*

न पश्यति च जन्मान्धः कामान्धो नैव पश्यति।
मदोन्मत्ताः न पश्यन्ति अर्थी दोषं न पश्यति॥8॥

जो जन्म से अन्धा है, वह देखने में समर्थ नहीं हो सकता। विषयवासना में डूबा हुआ व्यक्ति भी अन्धा होता है। मदिरापान से उन्मत्त हुआ व्यक्ति भी अन्धा होता है और स्वार्थपूर्ति से पीड़ित व्यक्ति भी अपने स्वामी के दोषों को अनदेखा कर देता है, उसकी आवश्यकता उसे अन्धा बना देती है। इस प्रकार कामवासना, मदिरा और स्वार्थ भावना—ये तीनों व्यक्ति को अन्धा, अर्थात् विवेकशून्य बना देती हैं।

*

स्वयं कर्म करोत्यात्मा स्वयं तत्फलमश्नुते।
स्वयं भ्रमति संसारे स्वयं तस्माद् विमुच्यते॥9॥

जीव स्वयं ही शुभ–अशुभ कर्म करता है और स्वयं ही उन कर्मों का दुःख–सुखरूपी फल भी भोगता है। वह संसार में आसक्त भी स्वयं ही होता है और उनसे मुक्त भी स्वयं ही होता है।

*

राजा राष्ट्रकृतं भुंक्ते राज्ञः पापं पुरोहितः।
भर्त्ता च स्त्रीकृतं पापं शिष्यपापं गुरुस्तथा॥10॥

राजा का कर्तव्य है कि वह अपने राष्ट्र में पापकर्म न होने दे; क्योंकि राष्ट्र के लोगों द्वारा किये गये पापकर्मों का फल राजा को भुगतना पड़ता है। यदि राजा अपने कर्तव्य का पालन नहीं करता और पापकर्म में प्रवृत्त होता है, तो राजा के उस पापकर्म का फल पुरोहित को भुगतना पड़ता है। पति का कर्तव्य है कि वह पत्नी को अपने नियन्त्रण में रखे। यदि पत्नी उसकी लापरवाही के कारण कोई ग़लत काम करती है, तो उसका फल पति को

भुगतना पड़ता है। इसी प्रकार गुरु का कर्तव्य है कि वह अपने शिष्य का उचित मार्गदर्शन करे, अन्यथा शिष्य द्वारा किये गये पापकर्मों का फल गुरु को भुगतना पड़ता है।

*

ऋणकर्त्ता पिता शत्रुर्माता च व्यभिचारिणी।
भार्या रूपवती शत्रुः पुत्रः शत्रुरपण्डितः॥11॥

ऋण लेकर निर्वाह करने वाला पिता अपनी सन्तान का शत्रु है, व्यभिचार करने वाली मां भी निन्दनीय है, अपने रूप-सौन्दर्य पर अभिमान करने वाली और पति की उपेक्षा करने वाली पत्नी भी शत्रु के समान है, इसी प्रकार मूर्ख पुत्र भी शत्रुरूप है।

*

लुब्धमर्थेन गृह्णीयात् स्तब्धमञ्जलिकर्मणा।
मूर्खं छन्दोऽनुवृत्त्या च यथार्थत्वेन पण्डितम्॥12॥

लोभी व्यक्ति को धन का प्रलोभन देकर वश में करना चाहिए। हठी व्यक्ति को विनय से वश में करना चाहिए। मूर्ख व्यक्ति को उसके अनुकूल व्यवहार करके वश में करना चाहिए और विद्वान् व्यक्ति को स्थिति की सही जानकारी देकर वश में करना चाहिए।

*

वरं न राज्यं न कुराज्यराज्यं,
वरं न मित्रं न कुमित्रमित्रम्।
वरं न शिष्यो न कुशिष्यशिष्यो,
वरं न दारा न कुदारदारा॥13॥

राज्य में न रहना अच्छा, परन्तु दुष्ट राजा के राज्य में रहना अच्छा नहीं। मित्र का न होना अच्छा, परन्तु कुमित्र का होना अच्छा नहीं। शिष्य न बनाना अच्छा, परन्तु दुर्जन को शिष्य बनाना उचित नहीं। पत्नी का न होना अच्छा, परन्तु दुराचारिणी को अपनी पत्नी बनाना अच्छा नहीं।

कुराजराज्येन कुतः प्रजा सुखम्,
कुमित्र मित्रेण कुतोऽभिनिर्वृतिः ।
कुदारदारैश्च कुतो गृहे रतिः
कुशिष्यमध्यापयतः कुतो यशः ॥14॥

जिस प्रकार दुष्ट राजा के राज्य में प्रजा को कभी सुख प्राप्त नहीं हो सकता, दुष्ट व्यक्ति के साथ मित्रता करने से किसी का कल्याण नहीं हो सकता, दुराचारिणी स्त्री को अपनी पत्नी बनाने से किसी भी पुरुष को गृहस्थ का सुख और रतिभोग का आनन्द नहीं मिल सकता, उसी प्रकार किसी अयोग्य शिष्य को विद्या पढ़ाने से गुरु के यश का प्रसार नहीं हो सकता।

*

सिंहादेकं कादेकं शिक्षेच्चत्वारि कुक्कुटात्।
वायसात् पञ्च शिक्षेच्च षट् शुनस्त्रीणि गर्दभात्॥15॥

मनुष्य को सिंह और बगुले से एक-एक, गधे से तीन, मुर्गे से चार, कौए से पांच और कुत्ते से छह गुण सीखने चाहिए। सिंह का एक—शौर्य, बगुले का एक—ध्यान, गधे के तीन—भार ढोना, शान्त रहना और फल की इच्छा न करना, मुर्गे के चार—मुर्गी को दबोचकर रखना, बन्धुओं से मिलकर रहना, प्रातः समय से बोलना और युद्ध के लिए प्रस्तुत रहना, कौवे के पांच—जागरूकता, किसी पर भी विश्वास न करना, गुप्त मैथुन, साहस और आक्रमकता तथा कुत्ते के छह—स्वामिभक्ति, सन्तोष, सहनशीलता, सावधानी, दृढ़ निश्चय तथा शत्रु पर झपटना गुण हैं।

*

प्रभूतं कार्यमल्पं वा यन्नरः कर्तुमिच्छति।
सर्वारम्भेण तत्कार्यं सिंहादेकं प्रचक्षते॥16॥

मनुष्य को सिंह से यह सीख लेना चाहिए कि जिस काम को एक बार हाथ में ले लिया—भले ही वह छोटा हो या बड़ा—उसे पूरा करने में अपनी

सारी शक्ति लगा देनी चाहिए।

*

इन्द्रियाणि च संयम्य वकवत् पण्डितो नरः।
देशकालबलं ज्ञात्वा सर्वकार्याणि साधयेत्॥17॥

मनुष्य को बगुले से यह सीखना चाहिए कि अपनी समस्त इन्द्रियों पर नियन्त्रण करके तथा स्थान, समय और अपनी शक्ति का अनुमान लगाकर उस कार्य को सिद्ध करने में जुट जाये।

*

सुश्रान्तोऽपि वहेद् भारं शीतोष्णं च न पश्यति।
सन्तुष्टश्चरति नित्यं त्रीणि शिक्षेच्च गर्दभात्॥18॥

विद्वान् व्यक्ति को गधे से ये तीन गुण सीखने चाहिए—अत्यन्त थका होने पर भी बोझा ढोते रहना, अर्थात् अपने कर्तव्य से विमुख न होना। कार्य-साधन में सर्दी-गरमी की परवा न करना, सदा सन्तुष्ट रहकर विचरना, अर्थात् कल की चिन्ता न करके अपने काम से काम रखना।

*

प्रत्युत्थानं च युद्धं च संविभागं च बन्धुषु।
स्वयमाक्रम्य भुक्तं च शिक्षेच्चत्वारि कुक्कुटात्॥19॥

विद्वान् व्यक्ति को मुर्गे से ये चार गुण सीखने चाहिए—प्रभातकाल में जागना, शत्रु के साथ युद्ध करने के लिए सदा उद्यत रहना, अपने परिवार में मिल-बांटकर खाना तथा अपनी प्रेयसी को दबोचकर उसके साथ सम्भोग करना।

*

गूढमैथुनचारित्वं काले काले च संग्रहम्।
अप्रमत्तमविश्वासं पञ्च शिक्षेच्च वायसात्॥20॥

बुद्धिमान् व्यक्ति को कौए से ये पांच बातें सीखनी चाहिए—छिपकर

मैथुन करना, सदा चौकन्ना रहना, उचित समय पर भविष्य के लिए संग्रह करना, कभी आलस्य न करना तथा किसी पर भी विश्वास न करना।

*

बह्वाशी स्वल्पसन्तुष्टः सनिद्रो लघुचेतनः।
स्वामिभक्तश्च शूरश्च षडेते श्वानतो गुणा॥21॥

बुद्धिमान् व्यक्ति को कुत्ते से ये छह गुण सीखने चाहिए—बहुत अधिक खाने की शक्ति, स्वल्प प्राप्त से सन्तुष्ट रहना, गहरी नींद लेना, तनिक-सी आहट से जाग जाना, स्वामिभक्त होना तथा शत्रु पर झपटकर अपनी शूरता का प्रदर्शन करना।

*

यः एतान् विंशतिगुणानाचरिष्यति मानवः।
कार्यावस्थासु सर्वासु अजेयः स भविष्यति॥22॥

जो बुद्धिमान् व्यक्ति उपर्युक्त बीस गुणों को अपना लेता है, उसे अपने जीवन में कभी पराजय का मुंह नहीं देखना पड़ता।

*

सातवां अध्याय

अर्थनाशं मनस्तापं गृहिणी चरितानि च।
नीचवाक्यं चापमानं मतिमान्न प्रकाशयेत्॥1॥

बुद्धिमान् व्यक्ति को चाहिए कि वह अपने धन के नष्ट होने की, मानसिक सन्ताप की, पत्नी की दुश्चरित्रता की, किसी नीच व्यक्ति द्वारा व्यंग्य-प्रहार की तथा अपने अपमान की चर्चा किसी से भी न करे। इन बातों को प्रकाशित करने से व्यक्ति निन्दा का पात्र बनता है और लोग उसे तिरस्कार की दृष्टि से देखने लगते हैं।

*

धनधान्यप्रयोगेषु विद्यासंग्रहणेषु च।
आहारे व्यवहारे च त्यक्तलज्जः सुखी भवेत्॥2॥

धन-धान्य के लेन-देन में, विद्या के संग्रह में, खाने-पीने में तथा हिसाब-किताब में लज्जा व संकोच न करने वाले व्यक्ति सदा सुखी रहते हैं।

*

सन्तोषामृततृप्तानां यत्सुखं शान्तचेतसाम्।
कुतस्तद्धनलुब्धानामितश्चेतश्च धावताम्॥3॥

सन्तोषरूपी अमृत को पीकर तृप्त हुए, शान्त चित्त व्यक्तियों को जिस दिव्य सुख की प्राप्ति होती है, धन के लोभ में इधर-उधर भागते-फिरते व्याकुल चित्त व्यक्तियों के भाग्य में वह सुख कहां?

*

सन्तोषस्त्रिषु कर्तव्यः स्वदारे भोजने धने।
त्रिषु च नैव कर्तव्यः अध्ययने जपदानयोः॥4॥

अपनी स्त्री, प्राप्त भोजन तथा आजीविका से प्राप्त धन में ही व्यक्ति को सन्तोष करना चाहिए, परन्तु शास्त्रों में, जप करने में तथा दान देने में कभी सन्तोष नहीं करना चाहिए, अपितु इन तीनों को तो कर्तव्य समझकर करना चाहिए।

*

विप्रयोर्विप्रवह्नयोश्च दम्पत्योः स्वामिभृत्ययोः।
अन्तरेण न गन्तव्यं हलस्य वृषभस्य च॥5॥

दो ब्राह्मणों के बीच में से, ब्राह्मण और अग्नि के बीच में से, पति-पत्नी के बीच में से, सेवक और स्वामी के बीच में से तथा हल और बैल के बीच में से निकलकर कभी नहीं जाना चाहिए; क्योंकि इस प्रकार जहां इनका अपमान होता है, वहीं इस प्रकार अतिक्रमण करने वाले व्यक्ति के पीड़ित होने की सम्भावना भी हो सकती है।

*

पादाभ्यां न स्पृशेदग्निं गुरुं ब्राह्मणमेव च।
नैव गां न कुमारीं च न वृद्धं न शिशुं तथा॥6॥

अग्नि, गुरु, ब्राह्मण, गाय, कुमारी कन्या, वृद्ध पुरुष तथा अबोध बालक को कभी पैरों से नहीं छूना चाहिए; क्योंकि ऐसा करना व्यक्ति की उद्दण्डता तथा धृष्टता का परिचायक होता है।

*

शकटं पञ्चहस्तेन दशहस्तेन वाजिनम्।
हस्तिनं हस्तसहस्रेण देशत्यागेन दुर्जनम्॥7॥

बैलगाड़ी से पांच हाथ, घोड़े से दस हाथ और हाथी से हज़ार हाथ दूर रहना चाहिए, परन्तु दुर्जन से बचने के लिए तो उसका देश ही छोड़ देना चाहिए।

हस्ती अंकुशमात्रेण वाजी हस्तेन ताड्यते।
शृंगी लगुडहस्तेन खड्गहस्तेन दुर्जनः ॥8॥

हाथी को अंकुश से, घोड़े को हाथ के चाबुक से, सींगधारी पशु को हाथ के डण्डे से ताड़न कर वश में किया जाता है, परन्तु दुर्जन कभी वश में नहीं आता, अतः उस पर हाथ से खड्ग लेकर प्रहार करना चाहिए, अर्थात् उसे मार डालना चाहिए।

*

तुष्यन्ति भोजने विप्राः मयूराः घनगर्जिते।
साधवः परसम्पत्तौ खलाः परविपत्तिषु ॥9॥

ब्राह्मण भोजन खिलाये जाने पर प्रसन्न होते हैं, मयूर बादलों का गर्जन सुनकर प्रसन्न होते हैं, सन्त दूसरों की समृद्धि को देखकर प्रसन्न होते हैं, परन्तु दुष्टों को तो दूसरों को संकट में पड़ा देखकर ही सुख मिलता है।

*

अनुलोमेन बलिनं प्रतिलोमेन दुर्जनम्।
आत्मतुल्यबलं शत्रुं विनयेन बलेन वा ॥10॥

बलवान् शत्रु को अपना मित्र बनाने के लिए उसके अनुकूल व्यवहार करना चाहिए। दुर्जन शत्रु को प्रतिकूल व्यवहार के द्वारा, अर्थात् दण्ड आदि के द्वारा वश में करना चाहिए और समान शक्ति-सम्पन्न शत्रु को अवसर के अनुसार, अर्थात् कभी विनय के द्वारा और कभी बल-प्रयोग के द्वारा वश में करना चाहिए।

*

बाहुवीर्यं बलं राज्ञां ब्राह्मणः ब्राह्मविद् बली।
रूपयौवनमाधुर्यं स्त्रीणां बलमुत्तमम् ॥11॥

अपनी भुजाओं की शक्ति ही राजाओं का वास्तविक बल होता है, तत्त्वज्ञान ब्राह्मणों का बल होता है तथा सौन्दर्य, यौवन एवं मधुर व्यवहार स्त्रियों का उत्तम बल होता है।

नाऽत्यन्त सरलैर्भाव्यं गत्वा पश्य वनस्थलीम्।
छिद्यन्ते सरलास्तत्र कुब्जास्तिष्ठन्ति पादपाः ॥ 12 ॥

संसार में बहुत अधिक सीधा होना भी ठीक नहीं होता। आचार्य चाणक्य यहां वनों का उदाहरण प्रस्तुत करते हुए कहते हैं कि प्रायः वन में खड़े हुए सीधे वृक्ष काट लिये जाते हैं और टेढ़े-मेढ़े वृक्ष खड़े रहते हैं। इससे यह सिद्ध होता है कि संसार टेढ़ों से डरता है और सीधों को मूर्ख बनाता है।

*

इसी प्रसंग में गोस्वामी तुलसीदासजी ने लिखा है—

टेढ़ जानि संका सब काहू। वक्र चन्द्रमा ग्रसै न राहू॥

यत्रोदकं तत्र वसन्ति हंसा-
स्तथैव शुष्कं परिवर्जयन्ति।
न हंसतुल्यैर्हि नरैर्भाव्यम्,
पुनस्त्यजन्तः पुनराश्रयन्ते ॥ 13 ॥

हंस उसी सरोवर में निवास करते हैं, जहां जल भरा होता है, परन्तु जल के सूख जाने पर वे उस सरोवर को छोड़कर चले जाते हैं और यदि जल पुनः भर जाता है, तो वे पुनः वहां लौट आते हैं। आचार्य चाणक्य का कथन है कि मनुष्य को इस प्रकार का व्यवहार नहीं करना चाहिए। एक बार जिसका आश्रय लिया, उसे कभी छोड़ना नहीं चाहिए और यदि छोड़ दिया, तो पुनः लौटकर वहां नहीं आना चाहिए।

*

उपार्जितानां वित्तानां त्याग एव हि रक्षणम्।
तडागोदरसंस्थानां परिस्त्राव इवाम्भसाम् ॥ 14 ॥

जिस प्रकार जल से भरे सरोवर को स्वच्छ रखने और उसे कीचड़ आदि से बचाने के लिए उसके जल को बाहर निकालना ही पड़ता है, उसी प्रकार उपार्जित धन के संरक्षण का सही उपयोग उसे दान करते रहना ही है।

स्वर्गस्थितानामिव जीवलोके,
चत्वारि चिह्नानि वसन्ति देहे।
दानप्रसङ्गो मधुरा च वाणी
देवार्चनं ब्राह्मणतर्पणश्च ॥15॥

इस पृथ्वी पर स्वर्ग से आये लोगों की पहचान उनके चार गुणों से होती है—उनके दान देने से, उनकी मधुर वाणी से, उनके देवों का आराधन करने से तथा उनके ब्राह्मणों को भोजन व वस्त्रादि देकर तृप्त करने से।

*

अत्यन्त कोपः कटुका च वाणी,
दरिद्रता च स्वजनेषु वैरम्।
नीचप्रसङ्गः कुलहीनसेवा,
चिह्नानि देहे नरकस्थितानाम् ॥16॥

स्वभाव से अत्यन्त क्रोधित होना, सदा कटु वचन बोलना, दरिद्रता, अपने सम्बन्धियों से वैरभाव रखना, नीच व्यक्तियों की संगति करना एवं हीन कुल वालों की चाकरी करना—जिन प्राणियों में ये लक्षण पाये जाते हैं, वे नरक से इस पृथ्वी पर आने वाले होते हैं।

*

गम्यते यदि मृगेन्द्रमन्दिरं
लभ्यते करिकपालमौक्तिकम्।
जम्बुकालयगते च प्राप्यते,
वत्सपुच्छखरचर्मखण्डनम् ॥17॥

यह सम्भव हो सकता है कि सिंह की गुफा में पहुंचने पर व्यक्ति को हाथी के मस्तक में रहने वाली मुक्तामणि मिल जाये, परन्तु सियार की खोह में जाने पर तो उसे केवल गाय बछड़े की पूंछ और गधे के चमड़े के टुकड़ों के सिवा और कुछ नहीं मिलेगा।

इस श्लोक का भावार्थ यह है कि जो साहस करता है, उसे ही कुछ महत्त्वपूर्ण प्राप्त होता है।

शुनः पुच्छमिव व्यर्थं जीवितं विद्यया विना।
न गुह्यगोपने शक्तं न च दंशनिवारणे ॥18॥

जिस प्रकार कुत्ते की पूंछ न तो उसकी गुदा को ढक सकती है और न डंक से उसका बचाव कर सकती है, अतः उसका होना–न होना व्यर्थ है। इसी प्रकार विद्या से रहित व्यक्ति का जीवन भी व्यर्थ होता है; क्योंकि वह मूर्ख होने के कारण न तो अपनी रक्षा कर सकता है और न ही अपने गुप्त रहस्यों को छिपा सकता है।

*

वाचा शौचं च मनसः शौचमिन्द्रियनिग्रहः।
सर्वभूतदयाशौचमेतच्छौचं परार्थिनाम् ॥19॥

वाणी की पवित्रता, मन की पवित्रता तथा इन्द्रिय–निग्रह का तब तक कोई महत्त्व नहीं होता, जब तक व्यक्ति में सभी जीवों के प्रति दयाभावना अथवा परोपकार की भावना नहीं होती।

*

पुष्पे गन्धं तिले तैलं काष्ठे अग्निः पयसि घृतम्।
इक्षौ गुडं तथा देहे पश्यात्मानं विवेकतः ॥20॥

जिस प्रकार पुष्प में गन्ध, तिल में तेल, लकड़ी में अग्नि, दूध में घी और गन्ने में गुड़ होने पर भी वह दिखाई नहीं देता, उसी प्रकार मनुष्य के शरीर में आत्मा स्थित है तथा इस रहस्य को व्यक्ति अपने विवेक से ही जान सकता है।

*

आठवां अध्याय

अधमाः धनमिच्छन्ति धनमानौ च मध्यमाः।
उत्तमाः मानमिच्छन्ति मानो हि महतां धनम्॥1॥

इस संसार में अधम स्तर के, अर्थात् छोटे व्यक्ति धन को ही महत्त्व देते हैं तथा मध्यम स्तर के व्यक्ति धन के साथ-साथ अपने सम्मान को भी महत्त्व देते हैं, परन्तु उत्तम स्तर के व्यक्ति केवल सम्मान को ही सर्वाधिक महत्त्व देते हैं।

*

इक्षुरापः पयो मूलं ताम्बूलं फलमौषधम्।
भक्षयित्वाऽपि कर्त्तव्याः स्नानदानादिकाः क्रियाः॥2॥

गन्ना या गन्ने का रस, पानी, दूध, जड़ी-बूटी, पान, फल व औषध का सेवन करने के उपरान्त सन्ध्या-पूजन तथा दानादि कर्म किये जा सकते हैं, इनके सेवन से व्यक्ति को अपने को स्नान आदि से शुद्ध नहीं करना पड़ता।

*

दीपो भक्ष्यते ध्वान्तं कज्जलं च प्रसूयते।
यदन्नं भक्ष्यते नित्यं जायते तादृशी प्रजा॥3॥

दीपक अन्धकार को खाता है और इससे काजल पैदा करता है, इससे यह सिद्ध होता है कि व्यक्ति जैसा अन्न खाता है, उसकी सन्तान वैसी ही उत्पन्न होती है।

*

चाण्डालानां सहस्त्रेषु सूरिभिस्तत्त्वदर्शिभिः।

एको हि यवनः प्रोक्तो न नीचो यवनात्परः॥4॥

हजारों चाण्डाल मिलकर जितना उपद्रव करते हैं, उससे कहीं अधिक उपद्रव अकेला एक यवन (आर्यधर्मविरोधी) करता है। संसार में उससे बड़ा नीच कोई अन्य नहीं है, अतः उससे सदा दूर ही रहना चाहिए।

*

वित्तं देहि गुणान्वितेषु मतिमन्नान्यत्र देहि क्वचित्,
प्राप्तं वारिनिधेर्जलं घनमुखे माधुर्ययुक्तं सदा।
जीवान् स्थावर जङ्गमांश्च सकलान् सञ्जीव्य भूमण्डलम्
भूयः पश्य तदेव कोटिगुणितं गच्छन्नम्भोनिधिम्॥5॥

जिस प्रकार समुद्र द्वारा गुणवान् मेघ को दिया गया खारा जल उसके मुख में जाते ही मीठा बनकर पृथ्वी के सभी जड़-चेतन प्राणियों को जीवन प्रदान करता है और मेघ को दिये गये जल की अपेक्षा करोड़ों गुणा बढ़कर पुनः समुद्र में पहुंच जाता है, उसी प्रकार किसी गुणी व्यक्ति कों दिया गया धन देने वाले के पास हज़ारों गुणा होकर वापस लौट आता है। अतः किसी गुणवान् को ही दान देना चाहिए; क्योंकि वह बहुत अधिक फलदायक होता है।

*

तैलाभ्यङ्गे चिताधूमे मैथुने क्षौरकर्मणि।
तावद्भवति चाण्डालो यावत् स्नानं नाचरेत्॥6॥

तेल की मालिश करने के पश्चात्, चिता का धुआं लगने के पश्चात्, सम्भोग करने के पश्चात् तथा हजामत कराने के पश्चात् जब तक व्यक्ति स्नान नहीं कर लेता, तब तक वह चाण्डाल, अर्थात् अपवित्र ही रहता है। स्नान के पश्चात् व्यक्ति की शुद्धि हो जाती है।

*

अजीर्णे भेषजं वारि जीर्णे वारि बलप्रदम्।
भोजने चाऽमृतं वारि भोजनान्ते विषं भवेत्॥7॥

अजीर्ण होने पर जल का सेवन औषध का काम करता है, अन्न का पाचन हो जाने के पश्चात् जल का सेवन बलवर्द्धक होता है, भोजन के मध्य जल का सेवन अमृत का काम करता है, किन्तु भोजन करने के पश्चात् जल का सेवन विष के समान हानिकारक होता है।

*

हतं ज्ञानं क्रियाहीनं हतश्चाज्ञानतो नरः।
हतं निर्नायकं सैन्यं स्त्रियो नष्टा ह्यभर्तृकाः ॥8॥

जिस प्रकार सेनापति के बिना सेना व्यर्थ होती है तथा पुरुष के बिना स्त्री का जीवन व्यर्थ होता है, उसी प्रकार आचरण के बिना ज्ञान व्यर्थ होता है। इस प्रकार यह सिद्ध होता है कि अज्ञानी व्यक्ति का जीवन व्यर्थ होता है।

*

वृद्धकाले मृता भार्या बन्धुहस्तगतं धनम्।
भोजनं च पराधीनं तिस्रः पुंसां विडम्बना ॥9॥

वृद्धावस्था में पत्नी की मृत्यु हो जाना, बन्धु-बान्धवों द्वारा धन को हड़प जाना तथा भोजन के लिए दूसरों के अधीन रहना—ये तीनों स्थितियां व्यक्ति के लिए दुःखदायी होती हैं, जिन्हें व्यक्ति को घुट-घुटकर झेलना पड़ता है।

*

नाग्निहोत्रं विना वेदा न च दानं विना क्रिया।
न भावेन विना सिद्धिस्तस्माद् भावो हि कारणम् ॥10॥

अग्निहोत्र के बिना वेदों का अध्ययन निरर्थक है, दान के बिना यज्ञ-यागादि शुभकर्म सम्पन्न नहीं होते, किन्तु यदि दान बिना श्रद्धाभाव के दिया जाये, तो उससे अभीष्ट लाभ व सिद्धि की प्राप्ति नहीं होती। अतः यह मान लेना चाहिए कि भावना ही प्रधान है।

*

न देवो विद्यते काष्ठे न पाषाणे न मृण्मये।
भावे हि विद्यते देवस्तस्माद् भावो हि कारणम्॥11॥

देवता का वास न तो लकड़ी में, न पत्थर में और न ही मिट्टी में होता है। वस्तुतः देवता का निवास तो मनुष्य की भावना में होता है। प्रतिमा में देवबुद्धि का आधार भावना ही है।

*

काष्ठ-पाषाण-धातूनां कृत्वा भावेन सेवनम्।
श्रद्धया च तथा सिद्धिस्तस्य विष्णोः प्रसादतः॥12॥

लकड़ी, पत्थर व धातु की बनी देवप्रतिमा में देवता को विद्यमान मानकर ही उसकी अर्चना-पूजा करनी चाहिए। जो व्यक्ति जिस भाव से प्रतिमा का पूजन करता है, श्रीविष्णुनारायण की कृपा से उसे वैसी ही सिद्धि प्राप्त हो जाती है।

*

शान्तितुल्यं तपो नास्ति न सन्तोषात् परमं सुखम्।
न तृष्णायाः परा व्याधिर्न च धर्मो दयया परः॥13॥

शान्ति के समान अन्य कोई तप नहीं, सन्तोष के समान अन्य कोई सुख नहीं, तृष्णा के समान अन्य कोई दुःख देने वाला रोग नहीं और दया के समान अन्य कोई धर्म नहीं। अतः जीवन में सुख-प्राप्ति के लिए व्यक्ति को शान्ति, सन्तोष और दया को अपनाना चाहिए।

*

क्रोधो वैवस्वतो राजा तृष्णा वैतरणी नदी।
विद्या कामदुधा धेनुः सन्तोषो नन्दनं वनम्॥14॥

क्रोध यम का स्वरूप है, तृष्णा वैतरणी नदी के समान है, विद्या सभी मनोरथों को पूरा करने वाली कामधेनु है और सन्तोष नन्दन वन है।

*

गुणो भूषयते रूपं शीलं भूषयते कुलम्।
सिद्धिर्भूषयते विद्यां भोगो भूषयते धनम्॥15॥

रूप की शोभा गुणों से होती है, कुल की शोभा शील से होती है, विद्या की शोभा सिद्धि, अर्थात् धन-प्राप्ति से होती है और धन की शोभा उसके भोगने से होती है।

*

निर्गुणस्य हतं रूपं दुःशीलस्य हतं कुलम्।
असिद्धस्य हता विद्या ह्यभोगेन हतं धनम्॥16॥

गुणहीन पुरुष की सुन्दरता, दुराचारी पुरुष का उच्च कुल में उत्पन्न होना, आजीविका सुलभ न कराने वाली विद्या और उपभोग में न आने वाला धन व्यर्थ ही हैं। इनकी न कोई उपयोगिता है और न ही कोई महत्त्व है।

*

शुद्धं भूमिगतं तोयं शुद्धा नारी पतिव्रता।
शुचिः क्षेमकरो राजा सन्तोषी ब्राह्मणः शुचिः॥17॥

धरती से निकलने वाला जल शुद्ध होता है, पतिव्रता स्त्री सदा शुद्ध होती है, प्रजा का कल्याण करने वाला राजा पवित्र होता है और सन्तोषी ब्राह्मण भी शुद्ध होता है।

*

असन्तुष्टाः द्विजाः नष्टाः सन्तुष्टाश्च महीभृतः।
सलज्जा गणिका नष्टाः निर्लज्जा च कुलाङ्गना॥18॥

जिस प्रकार असन्तुष्ट ब्राह्मण और सन्तोषी राजा नष्ट हो जाते हैं, उसी प्रकार लज्जा करने वाली वेश्या तथा लज्जा न करने वाली कुलीन स्त्री भी नष्ट हो जाती हैं।

*

किं कुलेन विशालेन विद्याहीनेन देहिनाम्।
दुष्कुलं चापि विदुषो देवैरपि स पूज्यते॥19॥

उच्च कुल में उत्पन्न विद्यारहित व्यक्ति से लोगों को क्या लाभ हो सकता है? परन्तु छोटे कुल में उत्पन्न हुए विद्वान् व्यक्ति की देवता भी पूजा करते हैं।

*

विद्वान् प्रशस्यते लोके विद्वान् सर्वत्र पूज्यते।
विद्यया लभते सर्वं विद्या सर्वत्र पूज्यते॥20॥

संसार में विद्वान् की ही प्रशंसा होती है और विद्वान् की सर्वत्र पूजा होती है। विद्या से संसार की सभी वस्तुएं प्राप्त हो सकती हैं। इसीलिए विद्या और विद्वान् का प्रत्येक स्थान पर आदर–सम्मान होता है।

*

मांसभक्ष्यैः सुरापानैः मूर्खैश्चाक्षरवर्जितैः।
पशुभिः पुरुषाकारैर्भाराक्रान्ता हि मेदिनी॥21॥

मांसभक्षी, सुरापान करने वाले, निरक्षर प्राणी पुरुष रूप में पशु ही हैं; क्योंकि इनकी चेष्टाएं पशुओं की क्रियाओं से भिन्न नहीं होतीं। इस प्रकार के पुरुषरूपधारी मनुष्यों के भार से ही यह धरती दुखी है।

*

अन्नहीनो दहेद्राष्ट्रं मन्त्रहीनश्च ऋत्विजः।
यजमानं दानहीनो नास्ति यज्ञसमो रिपुः॥22॥

यदि यज्ञ में अन्नदान न किया जाये, तो वह यज्ञ सारे राष्ट्र को जला डालता है। यदि यज्ञ में मन्त्रपाठ उचित रूप में नहीं किया जाता, तो वह यज्ञ पुरोहितों को भस्म कर देता है और यदि यजमान अपने पुरोहितों को दान–दक्षिणा नहीं देता, तो वह यज्ञ उसे ही भस्म कर डालता है। इस प्रकार यदि यज्ञ में सावधानी न बरती जाये, तो वह शत्रु के समान हानिकारक हो जाता है।

*

नौवां अध्याय

मुक्तिमिच्छसि चेत्तात! विषयान् विषवत् त्यज।
क्षमार्जवदयाशौचं सत्यं पीयूषवत् पिब॥1॥

यदि आप जन्म-मरण के बन्धन से मुक्त होना चाहते हैं, तो काम-क्रोध आदि विषयों को विष के समान घातक व हानिकारक मानकर छोड़ दें तथा इनके स्थान पर क्षमा, सरलता व दया आदि हितकारी गुणों को अमृत के समान मानकर उन्हें अपने जीवन में अपनाने का प्रयास करें।

*

परस्परस्य मर्माणि ये भाषन्ते नराधमाः।
त एव विलयं यान्ति वल्मीकोदरसर्पवत्॥2॥

जो अधम व्यक्ति एक-दूसरे के गुप्त रहस्यों को प्रकट करके एक-दूसरे को अपमानित करने की गन्दी चेष्टा करते हैं, वे दोनों ठीक उसी प्रकार नष्ट हो जाते हैं, जिस प्रकार वल्मीक (रेत का टीला) के भीतर घुसा सांप बाहर न आ सकने के कारण भीतर ही दम घुटने के कारण मर जाता है।

*

गन्धः सुवर्णे फलमिक्षुदण्डे,
नाकारि पुष्पं खलु चन्दनस्य।
विद्वान् धनाढ्यश्च नृपश्चिरायुः,
धातुः पुरा कोऽपि न बुद्धिदोऽभूत्॥3॥

यह आश्चर्य की बात है कि सृष्टि की रचना से लेकर आज तक किसी ने ब्रह्माजी को यह सुझाव नहीं दिया कि वह स्वर्ण को सुगन्धित बना देते, ईख के डण्डे में फल लगा देते, चन्दन में पुष्प लगा देते, विद्वानों को धनी

बना देते तथा राजा को दीर्घायु कर देते। यदि वह ऐसा कर देते, तो कितना अच्छा होता?

*

सर्वौषधीनाममृता प्रधाना,
सर्वेषु सौख्येष्वशनं प्रधानम्।
सर्वेन्द्रियाणां नयनं प्रधानं,
सर्वेषु गात्रेषुः शिरः प्रधानम्॥4॥

सभी ओषधियों में गरुच (गिलोय) अमृत के समान उपयोगी है, सभी प्रकार के सुखों में भोजन प्रधान है, सभी इन्द्रियों में नेत्र प्रधान हैं तथा शरीर के सभी अंगों में सिर प्रधान है।

*

दूतो न सञ्चरति खे न चलेच्च वार्ता
पूर्वं न जल्पितमिदं न च सङ्गमोऽस्ति।
व्योम्नि स्थितं रविशशिग्रहण प्रशस्तं
जानाति यो द्विजवरः स कथं न विद्वान्?॥5॥

आकाश में किसी दूत का जाना सम्भव नहीं, जिससे बातचीत का रहस्य जाना जा सके तथा न किसी ने पहले से यह बताया ही है और न किसी से भेंट ही हुई है। ऐसी स्थिति में जिन्होंने आकाश में स्थित सूर्य व चन्द्रमा के राहु व केतु द्वारा ग्रहण का वर्णन किया है, उन्हें विद्वान् कैसे न माना जाये?

*

विद्यार्थी सेवकः पथिकः क्षुधार्तो भयकातरः।
भाण्डारी प्रतिहारी च सप्त सुप्तान् प्रबोधयेत्॥6॥

विद्यार्थी, नौकर, यात्री, भूख से बेचैन व्यक्ति, भय से घबराया हुआ व्यक्ति, भोजन सामग्री का अधिकारी तथा द्वारपाल—ये सात यदि सो रहे हों, तो इन्हें निःसंकोच होकर जगा देना चाहिए; क्योंकि इनके जागते रहने

में ही लाभ है।

*

अहिं च नृपं च शार्दूलं वृटिं च बालकं तथा।
परश्वानं च मूर्खं च सप्त सुप्तान्न बोधयेत्॥7॥

सांप, राजा, सिंह, बर्र, बालक, दूसरे का कुत्ता तथा मूर्ख व्यक्ति—इन सात को कभी नहीं जगाना चाहिए।

*

अर्थाधीतांश्च यैर्वेदाः ये शूद्रान्नभोजिनः।
ते द्विजः किं करिष्यन्ति निर्विषा इन पन्नगाः॥8॥

जिस प्रकार विषरहित सांप किसी को हानि नहीं पहुंचा सकते, उसी प्रकार वे ब्राह्मण, जिन्होंने अपनी विद्या को बेचकर धन कमाना ही अपना उद्देश्य बना लिया हो और जो शूद्र का अन्न भी ग्रहण कर लेते हों, किसी भी यजमान का हित अथवा अहित नहीं कर सकते। उनके शाप अथवा वरदान में कोई शक्ति नहीं रह जाती; क्योंकि उनका ब्रह्मतेज नष्ट हो जाता है।

*

यस्मिन् रुष्टे भयं नास्ति तुष्टे नैव धनागमः।
निग्रहोऽनुग्रहो नास्ति रुष्टः किं करिष्यति॥9॥

जिसके रुष्ट होने से कोई भय न हो और जिसके सन्तुष्ट होने से धन की प्राप्ति न हो तथा जो बन्धन आदि के द्वारा न तो किसी को हानि पहुंचा सकता हो और न दयालु बनकर किसी को कोई लाभ पहुंचा सकता हो, ऐसे व्यक्ति के प्रसन्न अथवा अप्रसन्न होने की चिन्ता कोई क्यों करे?

*

निर्विषेणापि सर्पेण कर्त्तव्या महती फणा।
विषमस्तु न चाप्यस्तु घटाटोपो भयङ्करः॥10॥

विषहीन सर्प को भी अपनी सुरक्षा के लिए अपने फन को फैलाकर

भय दिखाना ही चाहिए; क्योंकि सांप में विष हो या न हो, उसकी फुंकार ही दूसरों को डराने के लिए पर्याप्त होती है।

*

प्रातर्द्यूतप्रसङ्गेन मध्याह्ने स्त्रीप्रसङ्गतः।
रात्रौ चौरप्रसङ्गेन कालो गच्छति धीमताम्॥11॥

बुद्धिमान् व्यक्ति को प्रातःकाल में महाभारत का, मध्याह्न में रामायण का और रात्रिकाल में श्रीमद्भागवतपुराण का अध्ययन-श्रवण करना चाहिए; क्योंकि इस प्रकार ही उनका समय सार्थक होता है।

*

स्वहस्तग्रथिता माला स्वहस्तघृष्टं चन्दनम्।
स्वहस्तलिखितं स्तोत्रं शक्रस्याऽपि श्रियं हरेत्॥12॥

श्रीनारायण को अपने हाथ से गूंथी हुई माला पहनाने से, अपने ही हाथ से घिसा चन्दन लगाने से तथा अपने ही हाथ से लिखे स्तोत्र से स्तुति करने से व्यक्ति इन्द्र की सम्पदा को भी अपने वश में करने में समर्थ हो जाता है।

*

इक्षुदण्डास्तिलाः शूद्राः कान्ता हेम च मेदिनी।
चन्दनं दधि ताम्बूलं मर्दनं गुणवर्द्धनम्॥13॥

ईख (गन्ना), तिल, शूद्र, स्त्री, सोना, धरती, चन्दन, दही तथा पान को जितना अधिक मसला जाता है, उनके गुणों में उतनी ही अधिक वृद्धि होती है।

*

दरिद्रता धीरतया विराजते,
कुवस्त्रता शुभ्रतया विराजते।
कदन्नता चोष्णतया विराजते,

कुरूपता शीलतया विराजते ॥ 14 ॥

जिस प्रकार धैर्य धारण करने पर दरिद्रता भी चुभन पैदा नहीं करती, घटिया वस्त्र भी स्वच्छ हो जाने पर पहनने पर बुरा नहीं लगता, घटिया अन्न भी गरम रहने पर स्वादिष्ट लगता है, उसी प्रकार कुरूप होने पर भी अच्छे स्वभाव वाला व्यक्ति अपने सम्पर्क में आने वालों को बुरा नहीं लगता।

*

दसवां अध्याय

धनहीनो न हीनश्च धनिकः सः सुनिश्चयः।
विद्यारत्नेन हीनो यः सः हीनः सर्ववस्तुषु॥1॥

धनहीन होने पर किसी को निर्धन नहीं कहा जा सकता, वह तो निश्चित रूप से धनिक है। जो व्यक्ति विद्यारत्न से हीन है, वह संसार की सभी वस्तुओं से हीन है, अर्थात् सबसे बड़ा निर्धन है; क्योंकि सच्चा धन तो विद्या है।

*

दृष्टिपूतं न्यसेत् पादं वस्त्रपूतं पिबेज्जलम्।
शास्त्रपूतं वदेद् वाक्यं मनःपूतं समाचरेत्॥2॥

मार्ग में चलने से पहले उसे अपनी आंख से भली प्रकार देख लेना चाहिए, जल को वस्त्र से छानकर पीना चाहिए, शास्त्र द्वारा संशोधित वाणी ही बोलनी चाहिए तथा पवित्र मन से ही दूसरों के साथ व्यवहार करना चाहिए।

*

सुखार्थी चेत् त्यजेद् विद्यां विद्यार्थी चेत् त्यजेत् सुखम्।
सुखार्थिनः कुतो विद्या विद्यार्थिनः कुतो सुखम्॥3॥

जो व्यक्ति सुख की इच्छा करता है, उसे विद्या–प्राप्ति की आशा छोड़ देनी चाहिए और यदि वह विद्या प्राप्त करना चाहता है, तो उसे सुख का परित्याग करने के लिए तैयार रहना चाहिए; क्योंकि सुखार्थी को विद्या और विद्यार्थी को सुख कभी प्राप्त नहीं हो सकता।

*

कवयः किं न पश्यन्ति किं न कुर्वन्ति योषितः।
मद्यपाः किं न जल्पन्ति किं न खादन्ति वायसाः ॥4॥

जिस प्रकार कवि कुछ भी देख लेने में सक्षम होते हैं, वे उस रहस्य को भी देख लेते हैं, जिसे अन्य व्यक्ति नहीं देख पाते, उसी प्रकार स्त्रियां भी क्या नहीं कर सकतीं? मदिरा के नशे में डूबा हुआ व्यक्ति कुछ भी अनाप-शनाप बक सकता है और कौए भक्ष्य-अभक्ष्य का विचार किये बिना कुछ भी खा लेते हैं।

*

रङ्कं करोति राजानं राजानं रङ्कमेव च।
धनिनं निर्धनं चैव निर्धनं धनिनं विधिः ॥5॥

भाग्य किसी भी अभावग्रस्त व्यक्ति को पल-भर में ही राजा बना सकता है और राजा को रंक, धनी को निर्धन और निर्धन को धनी बना सकता है।

*

लुब्धानां याचकः शत्रुर्मूर्खाणां बोधको रिपुः।
जारस्त्रीणां पतिः शत्रुश्चौराणां चन्द्रमा रिपुः ॥6॥

धन के लोभी व्यक्ति को मांगने वाला व्यक्ति शत्रु लगता है, मूर्खों को समझाने वाला व्यक्ति शत्रु लगता है, जार (दुराचारिणी) स्त्री को अपना पति ही शत्रु लगता है और चोर को चन्द्रमा शत्रु दिखाई देता है।

*

येषां न विद्या न तपो न दानम्
न चापि शीलं न गुणो न धर्मः।
ते मृत्युलोके भुवि भारभूताः
मनुष्यरूपेण मृगाश्चरन्ति ॥7॥

जिन व्यक्तियों के पास न विद्या है, न तप या दान की प्रवृत्ति है, न जिनकी सदाचार का पालन करने में रुचि है और न किसी प्रकार का कोई

गुण व धर्म ही है, वे इस संसार का भार बनकर मनुष्यरूप में पशु ही हैं।

*

अन्तःसारविहीनानामुपदेशो न जायते।
मलयाचलसंसर्गान् न वेणुश्चन्दनायते॥8॥

जिस प्रकार मलयाचल पर उगने और चन्दन का संसर्ग पाकर भी बांस सुगन्धित नहीं हो सकता, उसी प्रकार जिनके भीतर समझने की शक्ति नहीं है, उन कोरे व्यक्तियों को उपदेश देने का कोई लाभ नहीं होता।

*

यस्य नास्ति स्वयं प्रज्ञा शास्त्रं तस्य करोति किम्।
लोचनाभ्यां विहीनस्य दर्पणः किं करिष्यति॥9॥

जिसके नेत्रों में ज्योति ही नहीं है, उसके लिए दर्पण किसी काम का नहीं होता, उसी प्रकार जिसके पास स्वयं की बुद्धि नहीं है, शास्त्र उसका क्या कल्याण कर सकता है?

*

दुर्जनं सज्जनः कर्तुमुपायो नहि भूतले।
अपानं शतधा धौतं न श्रेष्ठमिन्द्रियं भवेत्॥10॥

जिस प्रकार सैकड़ों बार धोने पर भी गुदा श्रेष्ठ इन्द्रिय नहीं बन सकती, उसी प्रकार दुर्जन भी प्रबोधित किये जाने पर कभी सज्जन नहीं बन सकता।

*

आप्तद्वेषाद् भवेन्मृत्युः परद्वेषाद् धनक्षयः।
राजद्वेषाद् भवेन्नाशो ब्रह्मद्वेषात्कुलक्षयः॥11॥

आप्तजनों (सिद्ध व्यक्तियों) से द्वेष करने पर मनुष्य जीवित नहीं रह पाता, वह निश्चित ही मृत्यु को प्राप्त हो जाता है। शत्रुओं से द्वेष करने पर व्यक्ति को अपने प्राणों के साथ ही अपने धन से भी हाथ धोना पड़ता है। राजा तथा राजपरिवार के साथ द्वेष करने पर सर्वस्व का विनाश होता है

और ब्राह्मणों से द्वेष करने पर समूचे वंश का नाश हो जाता है।

*

वरं वनं व्याघ्रगजेन्द्रसेवितम्,
द्रुमालयं पत्रफलाम्बु सेवनम्।
तृणेषु शय्या शतजीर्णवल्कलं,
न बन्धुमध्ये धनहीनजीवनम्॥12॥

मनुष्य को सिंहों व हाथियों से भरे वन में रहना पड़े, तो रह ले, वृक्ष पर घर बनाकर और फल–पत्ते खाकर जीवन निर्वाह कर ले, धरती पर घास–फूस आदि बिछाकर सो ले, फटे–पुराने सैकड़ों टुकड़े हुए वृक्षों की छाल से शरीर को ढक ले, परन्तु धनहीन होने पर अपने सम्बन्धियों के साथ कभी न रहे।

*

विप्रो वृक्षस्तस्य मूलं च सन्ध्या,
वेदाः शाखा धर्मकर्माणि पत्रम्।
तस्मान्मूलं यत्नतो रक्षणीयम्,
छिन्ने मूले नैव शाखा न पत्रम्॥13॥

ब्राह्मण तत्त्वज्ञानरूपी वृक्ष हैं, सन्ध्या, अर्थात् दो कालों की सन्धि–वेला में की जाने वाली पूजा उसका मूल है, वेद उस वृक्ष की शाखा हैं तथा धर्म–कर्म उसके पत्ते हैं। मूल की यत्नपूर्वक रक्षा करने पर ही वृक्ष फलता–फूलता है, यदि उसकी जड़ कट जाये, तो न उसकी शाखा ही रह जाती है और न पत्ते ही हरे–भरे रह पाते हैं।

*

माता च कमलादेवी पिता देवो जनार्दनः।
बान्धवाः विष्णुभक्ताश्च स्वदेशो भुवनत्रयम्॥14॥

भक्तों के लिए लक्ष्मी माता तथा श्रीविष्णुनारायण पिता हैं। भगवान् के भक्त उनके बन्धु–बान्धव हैं तथा तीनों लोक उनका देश, अर्थात्

निवासस्थान है।

*

एकवृक्षसमारूढा नानावर्णाः विहङ्गमाः।
प्रभाते दिक्षु दशसु का तत्र परिवेदना॥15॥

रात्रि होने पर अनेक जाति के पक्षी एक ही वृक्ष पर आश्रय लेते हैं और प्रभात होते ही सब भिन्न-भिन्न दिशाओं में उड़ जाते हैं। यही स्थिति परिवार के लोगों की भी है। कुछ जीव परिवाररूपी वृक्ष पर आकर बैठते हैं और समय आने पर चल देते हैं। इसमें दुखी होने की कोई बात नहीं है।

*

बुद्धिर्यस्य बलं तस्य निर्बुद्धेस्तु कुतो बलम्।
वने सिंहः मदोन्मत्तः शशकेन निपातितः॥16॥

जिसके पास बुद्धि है, बल भी उसी के पास होता है। बुद्धिहीन का बल निरर्थक होता है; क्योंकि वह उसका उचित प्रयोग ही नहीं कर पाता। बुद्धि के बल पर ही एक खरगोश ने बुद्धिहीन व अहंकारी सिंह को मार डाला था।

*

का चिन्ता मम जीवने यदि हरिर्विश्वम्भरो गीयते,
नो चेदर्भकजीवनाय जननीस्तन्यं कथं निस्सरेत्।
इत्यालोच्य मुहुर्मुहुर्यदुपते लक्ष्मीपते केवलं,
त्वत्पादाम्बुजसेवनेन सततं कालो मया नीयते॥17॥

जब भगवान् श्रीविष्णुनारायण ही समस्त संसार का पालन-पोषण करने वाले हैं, तो मुझे अपने जीवन में किस बात की चिन्ता? यदि श्रीनारायण विश्वम्भर न होते, तो बालक के जन्म लेते ही उसकी माता के स्तनों से दूध कैसे बहने लगता? हे लक्ष्मीपते! अब आप मुझ पर कुछ ऐसी कृपा करें कि मैं दिन-रात आपके ही भजन-पूजन में लगा रहूं और इसी में अपने जीवन को धन्य मानूं।

गीर्वाणवाणीषु विशिष्टबुद्धि-

स्तथापि भाषान्तरलोलुपोऽहम्।

यथा सुधायाममरेषु सत्यां,

स्वर्गाङ्गनानामधरासवे रुचिः ॥18॥

जिस प्रकार देवता अमृत सुलभ होने पर भी अप्सराओं के अधर-रस का पान करने को लालायित रहते हैं, उसी प्रकार मैं भी संस्कृत भाषा का विशेष ज्ञान होने पर भी अन्यान्य भाषाओं को सीखने के लिए उत्सुक हूं।

*

अन्नाद् दशगुणं पिष्टं पिष्टाद् दशगुणं पयः।

पयसोऽष्टगुणं मांसं मांसाद् दशगुणं घृतम्॥19॥

गेहूं की अपेक्षा उसके आटे में दस गुना अधिक शक्ति होती है और आटे की अपेक्षा दस गुना शक्ति दूध में होती है। दूध से आठ गुना अधिक शक्ति मांस में होती है और मांस से भी दस गुना अधिक शक्ति घी में होती है। अतः शक्ति बढ़ाने के लिए घी का ही सेवन करना चाहिए।

*

शाकेन रोगा वर्द्धन्ते पयसा वर्द्धते तनुः।

घृतेन वर्द्धते धीः मांसान्मांसं प्रवर्द्धते॥20॥

साग-सब्ज़ी खाते रहने से शरीर में रोग-प्रतिरोधक शक्ति समाप्त हो जाती है, किन्तु दूध का सेवन करने से शरीर का विकास होता है। मांस खाने से मांस की वृद्धि होती है और घी का सेवन करने से मनुष्य के शरीर में बल-वीर्य की वृद्धि होती है। अतः शक्ति की वृद्धि के लिए घी का सेवन करना चाहिए।

*

ग्यारहवां अध्याय

दातृत्वं प्रियवक्तृत्वं धीरत्वमुचितज्ञता।
अभ्यासेन न लभ्यन्ते चत्वारः सहजाः गुणाः ॥1॥

ये चार मनुष्य के सहज गुण हैं—दानशीलता, प्रिय व मधुर भाषण, धीरज और उचित-अनुचित का ज्ञान। ये गुण ईश्वर जन्म से ही देता है। अभ्यास द्वारा कितना ही प्रयास क्यों न किया जाये, इन्हें पाया नहीं जा सकता।

*

आत्मवर्गं परित्यज्य परवर्गे समाश्रितः।
स्वयमेव लयं याति यथा राजात्यधर्मतः ॥2॥

जिस प्रकार कोई राजा अपने अधर्माचरण के कारण नष्ट हो जाता है, उसी प्रकार अपनों को छोड़कर दूसरों को अपनाने वाला व्यक्ति भी अपने-आप नष्ट हो जाता है।

*

हस्ती स्थूलतनुः स चाङ्कुशवशः किं हस्तिमात्राङ्कुशः,
दीपे प्रज्वलिते प्रणश्यति तमः किं दीपमात्रं तमः।
वज्रेणापि हताः पतन्ति गिरयः किं वज्रमात्रं नगा-
स्तेजो यस्य विराजते स बलवान् स्थूलेषु कः प्रत्ययः ॥3॥

जिस प्रकार भारी-भरकम हाथी को भी छोटे-से अंकुश से वश में कर लिया जाता है, उसी प्रकार एक छोटा-सा दीपक ही सारे अन्धकार को नष्ट कर देता है। छोटे-से वज्र के प्रहार से बड़े-बड़े पर्वत भी टूट जाते हैं। इससे यह सिद्ध होता है कि तेज-ओज की ही विजय होती है, मोटापे

अथवा प्रसार को शक्ति का प्रतीक नहीं मानना चाहिए।

*

कलेः दशसहस्त्राणि हरिस्त्यजति मेदिनीम्।
तदर्द्धं जाह्नवी तोयं तदर्द्धं ग्रामदेवत॥4॥

यह एक पौराणिक मान्यता है कि जब कलियुग की अवधि समाप्त होने में दस हज़ार वर्ष शेष रह जायेंगे, तो श्रीविष्णु भगवान् इस भारतभूमि का परित्याग कर देंगे और जब यह अवधि पांच हज़ार वर्ष रह जायेगी, तो गंगाजल भी इस धरती को छोड़ देगा, अर्थात् गंगाजी लुप्त हो जायेंगी तथा ढाई हज़ार वर्ष शेष रहने पर ग्रामदेवता इस देश के ग्रामों को छोड़ देंगे।

*

गृहासक्तस्य नो विद्या नो दया मांसभोजिनः।
द्रव्यलुब्धस्य नो सत्यं स्त्रैणस्य न पवित्रता॥5॥

घर के सुखों में मोह (आसक्ति) रखने वाला व्यक्ति विद्या-प्राप्ति नहीं कर सकता, मांस खाने वाले व्यक्ति के मन में दयाभाव उत्पन्न नहीं हो सकता, धन का लोभी व्यक्ति कभी सत्य-भाषण नहीं कर सकता और स्त्रियों से लगाव रखने वाला कामी व्यक्ति पवित्र एवं सदाचारी नहीं हो सकता।

*

न दुर्जनः साधुदशामुपैति
बहुप्रकारैरपि शिक्ष्यमाणः।
आमूलसिक्तः पयसा घृतेन
न निम्बवृक्षो मधुरत्वमेति॥6॥

जिस प्रकार नीम के वृक्ष की जड़ को घी और दूध आदि से सींचने पर भी नीम का वृक्ष अपने कड़वेपन को छोड़कर मीठा नहीं हो सकता, उसी प्रकार दुर्जन भी—अनेक उपाय करने पर भी—अपनी दुर्जनता को नहीं छोड़ सकता। इस सम्बन्ध में एक कहावत भी जगप्रसिद्ध है—

जिसका जैसा हो सुभाव जाये ना जी से।
नीम न मीठा होय चाहे सींचो गुड़-घी से॥

अन्तर्गतमलो दुष्टस्तीर्थस्नानशतैरपि।
न शुद्धयति यथा भाण्डं सुरायाः दाहितं च यत्॥7॥

जिस प्रकार मदिरा का पात्र आग में तपाये जाने पर भी शुद्ध नहीं होता, उसी प्रकार कुटिल मन वाला व्यक्ति सैकड़ों तीर्थों में स्नान करने पर भी पवित्र एवं निष्पाप नहीं होता।

*

न वेत्ति यो यस्य गुणप्रकर्षं
स तं कदा निन्दति नाऽत्र चित्रम्।
यथा किराती करिकुम्भलब्धां
मुक्तां परित्यज्य बिभर्ति गुञ्जाम्॥8॥

जिस प्रकार यदि कोई भीलनी गजमुक्ता को पाकर उसका मूल्य न जानने के कारण उसे फेंककर साधारण घुंघचियों की ही माला अपने गले में धारण करती है, तो इसमें उसे दोषी नहीं ठहराया जा सकता; क्योंकि वह गजमुक्ता का मूल्य ही नहीं जानती, इससे गजमुक्ता का मूल्य घट नहीं जाता, इसी प्रकार यदि कोई व्यक्ति किसी के उत्तम गुणों को न जानते हुए उसकी सदा निन्दा करता रहता है, तो इसमें कोई आश्चर्य की बात नहीं; क्योंकि इससे उस निन्दित व्यक्ति का मूल्य कम नहीं हो जाता।

*

ये तु संवत्सरं पूर्णं नित्यं मौनेन भुञ्जते।
युगकोटिसहस्त्रं तैः स्वर्गलोके महीयते॥9॥

पूरे वर्ष-भर नित्यप्रति मौन रहकर भोजन करने वाला साधक करोड़ों कल्पों तक स्वर्ग में निवास करता है। पाठकगण ध्यान दें कि एक कल्प में चार युग होते हैं और इन चारों युगों के छत्तीस हज़ार दिव्य वर्ष होते हैं।

*

कामक्रोधौ तथा लोभं स्वादु श्रृंगार कौतुके।
अतिनिद्रातिसेवे च विद्यार्थी ह्यष्ट वर्जयेत्॥10॥

विद्यार्थियों को अपने लक्ष्य की प्राप्ति के लिए इन आठ दोषों से बचना चाहिए—1. काम, अर्थात् विषय-भोग का चिन्तन, 2. क्रोध, 3. लोभ, 4. स्वाद, 5. श्रृंगार, 6. कौतुक (सिनेमा आदि), 7. अतिनिद्रा तथा 8. अतिसेवा।

*

अकृष्टफलमूलानि वनवासरतिः सदा।
कुरुतेऽहरहः श्राद्धमृषिर्विप्रः च उच्यते॥11॥

बिना जुती धरती से मिलने वाले फल-मूलादि का सेवन करने वाला तथा वन में निवास करने वाला और प्रतिदिन पितरों का श्राद्ध व तर्पण करने वाला ब्राह्मण ऋषि कहलाता है।

*

एकाहारेण सन्तुष्टः षट्कर्मनिरतः सदा।
ऋतुकालाभिगामी च स विप्रो द्विज उच्यते॥12॥

दिन में एक समय भोजन करने से ही सन्तुष्ट रहने वाला, छह कर्मों—1. प्रतिदिन यज्ञ करना, 2. कराना, 3. वेदों का अध्ययन, 4. अध्यापन करना, 5. दान देना तथा 6. दान लेना—का नियमित रूप से पालन करने वाला और केवल ऋतुकाल में सन्तान को जन्म देने के लिए ही रतिभोग में प्रवृत्त होने वाला ब्राह्मण द्विज कहलाता है।

*

लौकिके कर्मणि रतः पशूनां परिपालकः।
वाणिज्यकृषिकर्मा यः सः विप्रो वैश्य उच्यते॥13॥

निरन्तर लौकिक कामों में व्यस्त रहने वाला व पशु-पालन, व्यापार तथा कृषि कर्म से अपनी आजीविका चलाने वाला ब्राह्मण वैश्य कहलाता है।

लाक्षादि-तैल-नीलीनां कौसुम्भ-मधु-सर्पिषाम्।
विक्रेता मद्य मांसानां सः विप्रः शूद्र उच्यते॥14॥

लाख आदि का , तैल का, नील व साबुन का, कपड़े रंगने वाले रंगों का तथा शहद, मदिरा व मांस आदि का व्यापार करने वाला ब्राह्मण शूद्र कहलाता है।

*

परकार्यनिहन्ता च दाम्भिकः स्वार्थसाधकः।
छली द्वेषी मृदुः क्रूरो विप्रो मार्जार उच्यते॥15॥

दूसरों के काम को बिगाड़ने वाला, दम्भी, अपने स्वार्थ को सिद्ध करने वाला, दूसरों को धोखा देने वाला, दूसरों से शत्रुता करने वाला, कायर तथा दयारहित ब्राह्मण बिलाव कहलाता है।

*

वापीकूपतडागारामानां च सुरवेश्मनाम्।
उच्छेदने निराशङ्कः स विप्रो म्लेच्छ उच्यते॥16॥

बावलियों, कूपों, तालाबों, उद्यानों व देवमन्दिरों को तोड़ने में संकोच न करने वाला ब्राह्मण म्लेच्छ कहलाता है।

*

देवद्रव्यं गुरुद्रव्यं परदाराभिमर्शनम्।
निर्वाहः सर्वभूतेषु विप्रश्चाण्डाल उच्यते॥17॥

देवों अथवा देवमन्दिरों के लिए निर्धारित भूमि, कोश, रत्न व आभूषणों आदि को तथा गुरु की सम्पत्ति को हड़प जाने वाला, दूसरों की स्त्रियों से व्यभिचार करने वाला तथा दूसरों को धोखा देकर अथवा असत्य भाषण करके अपना निर्वाह करने वाला ब्राह्मण चाण्डाल कहलाता है।

*

देयं भोज्यधनं धनं सुकृतिभिर्नो सञ्चयस्तस्य वै,

श्रीकर्णस्य बलेश्च विक्रमपतेरद्यापि कीर्तिः स्थिता।
अस्माकं मधुदान-भोगरहितं नष्टं चिरात् सञ्चितम्,
निर्वाणादिति नैजपादयुगलं धर्षन्त्यहो मक्षिकाः ॥18॥

खाद्य-पदार्थों का संग्रह न करके उसे पुण्यात्माओं को दान में दे देना चाहिए। दान के कारण ही कर्ण, बलि व विक्रमादित्य आदि राजाओं की कीर्ति आज तक इस भूतल में व्याप्त है।

इसके विपरीत जब मधुमक्खियों का मधु किसी कारणवश नष्ट हो जाता है, तो वे कहती हैं कि श्रमपूर्वक जोड़े गये इस मधु का न तो हमने स्वयं उपभोग किया और न इसे दान में ही दिया। तब वे पश्चात्ताप करते हुए अपने प्राण त्याग देती हैं।

अतः बुद्धिमान् व्यक्ति को स्वयं यह निर्णय करना चाहिए कि खाद्य-पदार्थों का संग्रह करना उचित है या उन्हें दान कर देना चाहिए?

*

बारहवां अध्याय

सानन्दं सदनं सुतास्तु सुधियः कान्ता प्रियालापिनी,
इच्छापूर्तिधनं स्वयोषितिरतिः स्वाज्ञापराः सेवकाः।
आतिथ्यं शिवपूजनं प्रतिदिनं मिष्टान्नपानं गृहे,
साधोः सङ्गमुपासते च सततं धन्यो गृहस्थाश्रमः ॥1॥

जिसके घर में निरन्तर उत्सव होता रहता है, सन्तान सुशिक्षित है, स्त्री मधुर-भाषिणी है, आवश्यकताओं की पूर्ति के लिए पर्याप्त धन है, पति-पत्नी एक-दूसरे में अनुरक्त हैं, सेवक स्वामिभक्त व आज्ञापालक हैं, अतिथि का सत्कार तथा भगवान् शिव का पूजन होता रहता है, नित्य मिठाई आदि से मित्रों की आवभगत होती रहती है तथा सत्पुरुषों का आना-जाना लगा रहता है, ऐसे सौभाग्यशाली व्यक्तियों का गृहस्थाश्रम सचमुच धन्य है।

*

आर्तेषु विप्रेषु दयान्वितश्च
यच्छ्रद्धया स्वल्पमुपैति दानम्।
अनन्तपारं समुपैति राजन्!
यद्दीयते तन्न लभेद् द्विजेभ्यः ॥2॥

हे राजन्! जो यजमान अभावग्रस्त ब्राह्मणों पर दया करके उन्हें श्रद्धापूर्वक थोड़ा भी दान देते हैं और उनकी आवश्यकता की पूर्ति करते हैं, उनका ब्राह्मणों को दिया गया वह दान अनन्त गुना होकर उन्हें कृतकृत्य कर देता है।

*

दाक्षिण्यं स्वजने दया परिजने शाठ्यं सदा दुर्जने,

प्रीतिः साधुजने स्मयः खलजने विद्वज्जने चार्जवम्।
शौर्यं शत्रुजने क्षमा गुरुजने नारीजने धूर्त्तता,
इत्थं ये पुरुषाः कलासु कुशलास्तेष्वेव लोकस्थितिः ॥3॥

इस संसार में वे लोग ही सुखी जीवन बिताने में सफल होते हैं, जो परिजनों के प्रति उदारता, सेवकों के प्रति दया तथा दुर्जनों के प्रति कठोरता का व्यवहार करते हैं तथा जो साधु व्यक्तियों के प्रति अनुराग रखते हैं, नीच व्यक्तियों के प्रति उच्चता का प्रदर्शन करते हैं, विद्वानों के प्रति विनयपूर्ण व्यवहार करते हैं, शत्रुओं को अपनी शूरवीरता का परिचय देते हैं, गुरुजनों के प्रति सहनशीलता दिखाते हैं और स्त्रियों के प्रति धूर्त्तता का व्यवहार करते हैं।

*

हस्तौ दानविवर्जितौ श्रुतिपुटौ सारस्वतद्रोहिणौ
नेत्रे साधुविलोकनेन रहितौ पादौ न तीर्थं गतौ।
अन्यायार्जित वित्तपूर्णमुदरं गर्वेण तुङ्गं शिरो
रे रे जम्बुक! मुञ्च मुञ्च सहसा निन्द्यं सुनिन्द्यं वपुः ॥4॥

जंगल में पड़े किसी व्यक्ति के शव को खाने के लिए उत्सुक एक सियार को दूसरा सियार समझाते हुए कहता है—भाई! इस शव को मत खाओ; क्योंकि यह किसी नीच व निन्दनीय का शव है। इसने अपने हाथों से कभी कुछ दान नहीं किया, कानों से किसी शास्त्र का श्रवण नहीं किया, नेत्रों से भगवान् की मूर्ति के तथा किसी महात्मा व्यक्ति के दर्शन नहीं किये, पैरों से किसी तीर्थ की यात्रा नहीं की। इसने तो सदा अन्यायपूर्वक कमाये हुए धन से अपना पेट ही भरा है और गर्व से अपना सिर ऊंचा उठाये रखा है। इसका शव तो निन्दनीय एवं त्याज्य है।

*

येषां श्रीमद्यशोदासुत-पद-कमले नास्ति भक्तिर्नराणाम्
येषामाभीरकन्या-प्रियगुण-कथने नाऽनुरक्ता रसज्ञा।

येषां श्रीकृष्णलीला ललितरसकथा सादरौ नैव कर्णौ,
धिक्तान्धिक्तान्धिगेतान् कथयति सततं कीर्तनस्थो मृदङ्गः ॥5॥

जिन व्यक्तियों को भगवान् श्रीकृष्ण के चरण कमलों में अनुराग नहीं, जिनकी जिह्वा को श्रीराधा और गोपियों के गुणगान में आनन्द नहीं आता, जिनके कान श्रीकृष्ण की कथा सुनने के लिए उत्सुक नहीं रहते, कीर्तन में बजाया जाने वाला मृदंग भी 'धिक्कार है' की ध्वनि से उन्हें दुत्कारता रहता है।

*

पत्रं नैव यदा करीलविटपे दोषो वसन्तस्य किम्?
नोलूकोऽप्यवलोकते यदि दिवा सूर्यस्य किं दूषणम्।
वर्षा नैव पतन्ति चातकमुखे मेघस्य किं दूषणम्?
यत्पूर्वं विधिना ललाटलिखितं तन्मार्जितुं कः क्षमः? ॥6॥

विधाता ने जिसके भाग्य में जो लिख दिया है, उसे कोई भी मिटा नहीं सकता। उदाहरण के रूप में—यदि वसन्त ऋतु में भी करील के वृक्ष पर पत्ते तक नहीं उगते, तो इसमें वसन्त का दोष न होकर करील के भाग्य का ही दोष कहना चाहिए। यदि उल्लू को दिन में दिखाई नहीं देता, तो इसका अर्थ यह नहीं कि सूर्य के प्रकाश की सीमा है। उसका एक ही स्पष्ट अर्थ है कि उल्लू के भाग्य में देखना लिखा ही नहीं। इसी प्रकार यदि वर्षा के जल की बूंदें चातक के मुख में नहीं जातीं, तो इसके लिए मेघ को दोषी नहीं ठहराया जा सकता; क्योंकि जब चातक के भाग्य में मेघ-जल है ही नहीं, तो उसे मूसलाधार बरसने वाले मेघ का जल कहां से मिल सकता है?

इस प्रकार स्पष्ट है कि भाग्य प्रबल है और प्रत्येक जड़-चेतन को भाग्य का लिखा ही मिलता है। इसे कोई भी घटा-बढ़ा नहीं सकता।

*

सत्सङ्गाद् भवति ही साधुता खलानाम्,
साधूनां नैव खलसङ्गतः खलत्वम्।

आमोदं कुसुमभवं मृदेव धत्ते,

मृद्गन्धं न हि कुसुमानि धारयन्ति ॥7॥

जिस प्रकार मिट्टी में तो फूलों की सुगन्ध आ जाती है, किन्तु फूलों में मिट्टी की गन्ध नहीं आती, उसी प्रकार सज्जनों के संग-साथ से दुर्जन कभी-कभी सुधर जाते हैं, परन्तु दुर्जनों की संगति में सज्जनों को कोई हानि नहीं होती।

*

साधूनां दर्शनं पुण्यं तीर्थभूता हि साधवः।
कालेन फलति तीर्थं सद्यः साधुसमागमः ॥8॥

साधु-महात्माओं का दर्शन करने से तीर्थों के सेवन-जैसा पुण्य प्राप्त होता है; क्योंकि साधु-महात्मा साक्षात् तीर्थ ही होते हैं। तीर्थयात्रा का फल तो समय आने पर मिलता है, परन्तु साधु की संगति का फल तो तुरन्त मिल जाता है।

*

विप्रेऽस्मिन् नगरे महान् कथय कस्तालद्रुमाणां गणः,
को दाता रजको ददाति वसनं प्रातर्गृहीत्वा निशि।
को दक्षः परवित्तदारहरणे सर्वेऽपि दक्षो जनः,
कस्माज्ज्ञीवसि हे सखे! विषकृमिन्यायेन जीवाम्यहम् ॥9॥

किसी पथिक ने यात्रा करते समय मार्ग में पड़ने वाले किसी नगर के एक ब्राह्मण से पूछा—हे ब्राह्मण! यह तो बताइये कि इस नगर में किसे बड़ा माना जाता है?

ब्राह्मण ने उत्तर दिया—यहां तो ताल वृक्षों को ही बड़ा और सबसे ऊंचा माना जाता है।

पथिक ने पूछा—इस नगर में दानशीलता की क्या स्थिति है?

इस पर ब्राह्मण ने उत्तर दिया—बन्धु! यहां तो सबसे बड़ा दानी धोबी है, जो प्रातःकाल कपड़े ले जाता है और सायंकाल में उनके स्वामियों को वापस लौटा देता है।

पथिक ने पूछा—यहां लोकव्यवहार में किसे चतुर माना जाता है?

ब्राह्मण ने कहा—यहां तो दूसरे का धन और स्त्री का हरण करने वाले को ही चतुर और कुशल माना जाता है।

पथिक ने पूछा—ब्राह्मण देवता! फिर आप इस नगर में किस प्रकार रहते हैं?

ब्राह्मण ने उत्तर दिया—जिस प्रकार विष का कीड़ा विष में ही पड़ा रहता है और वहीं सांस लेता रहता है, उसी प्रकार मेरा भी यहां रहने का स्वभाव बन गया है।

कहने का अभिप्राय यह है कि जो जहां रहता है, वह वहां रहने का आदी हो जाता है और उस स्थान को अनुपयोगी मानते हुए भी वहां सहज भाव से रहता है।

*

न विप्र-पादोदक-कर्दमानि,
न वेदशास्त्र-ध्वनि-गर्जितानि।
स्वाहा-स्वधाकार विवर्जितानि,
श्मशानतुल्यानि गृहाणि तानि॥10॥

जिन घरों में ब्राह्मणों के पांव नहीं धुलते, उन्हें भोजन आदि पर निमन्त्रित नहीं किया जाता, वेद-शास्त्र के पाठ की ध्वनि नहीं गूंजती तथा जहां यज्ञ-यागादि के द्वारा देव-पूजन नहीं होता, वे घर घर न होकर श्मशान के समान होते हैं।

*

सत्यं माता पिता ज्ञानं धर्मो भ्राता दया सखा।
शान्ति पत्नी क्षमा पुत्रः षडेते मम बान्धवाः॥11॥

बुद्धिमान् व्यक्ति को यह मान लेना चाहिए कि सत्य मेरी माता है, ज्ञान मेरा पिता है, धर्म मेरा भाई है, दया मेरा मित्र है, शान्ति मेरी पत्नी है और क्षमा मेरा पुत्र है। ये छह ही मेरे सम्बन्धी हैं।

अनित्यानि शरीराणि विभवो नैव शाश्वतः।
नित्यं सन्निहितो मृत्युः कर्तव्यो धर्मसंग्रहः ॥12॥

बुद्धिमान् व्यक्ति को निश्चित मान लेना चाहिए कि उसका शरीर और धन-सम्पत्ति सदा रहने वाली नहीं है। हां, मृत्यु नित्य और निश्चित है, अर्थात् जो भी प्राणी पैदा हुआ है, वह एक न एक दिन अवश्य ही मृत्यु को प्राप्त होगा। अतः सांसारिक उलझनों को छोड़कर धर्म-संग्रह में प्रवृत्त हो जाना चाहिए।

*

निमन्त्रणोत्सवा विप्रा गावो नवतृणोत्सवाः।
पत्युत्सवयुता भार्या अहं कृष्णचरणोत्सवः ॥13॥

जिस प्रकार नयी व हरी घास का प्रचुर परिमाण में मिल जाना गायों के लिए उत्सव है, पति की प्रसन्नता स्त्रियों के लिए उत्सव है, सम्पन्न और श्रद्धालु यजमान से निमन्त्रण पाना ब्राह्मणों के लिए उत्सव है, उसी प्रकार मेरे लिए श्रीकृष्ण के चरणों में अनुराग ही उत्सव है।

*

मातृवत् परदारांश्च परद्रव्याणि लोष्ठवत्।
आत्मवत् सर्वभूतानि यः पश्यति सः पण्डितः ॥14॥

दूसरों की स्त्रियों को माता के समान, पराये धन को मिट्टी के ढेले के समान तथा सभी प्राणियों को अपने समान देखने वाला ही वास्तव में विद्वान् है।

*

धर्मे तत्परता मुखे मधुरता दाने समुत्साहता,
मित्रेऽवञ्चकता गुरौ विनयता चित्तेऽतिगम्भीरता।
आचारे शुचिता गुणे रसिकता शास्त्रेषु विज्ञानता,
रूपे सुन्दरता शिवे भजनता त्वय्यस्ति भो राघव! ॥15॥

भक्त श्रीराम से कहता है कि हे राघव! धर्म के निर्वाह में लगाव, मधुर

वाणी का प्रयोग, दान देने में रुचि, मित्र के साथ निश्छल व्यवहार, गुरु के प्रति विनम्रता, चित्त में गम्भीरता, आचार-व्यवहार में पवित्रता, गुणों के प्रति आग्रह, अर्थात् गुणी व्यक्ति का आदर-सम्मान, शास्त्रों में निपुणता, रूप में सुन्दरता और भगवान् शिव में निष्ठापूर्ण भक्ति—ये सभी गुण केवल आप में ही मिलते हैं।

*

काष्ठं कल्पतरुः सुमेरुरचलश्चिन्तामणिः प्रस्तरः,
सूर्यस्तीव्रकरः शशी क्षयकरः क्षारो हि वारांनिधिः।
कामो नष्टतनबलिर्दितिसुतो नित्यं पशुः कामगौः,
नैतांस्ते तुलयामि भो रघुपते! कस्योपमा दीयते ॥16॥

हे रघुपते! इस संसार में ऐसा कुछ भी नहीं, जिससे आपकी उपमा दी जा सके। कल्पवृक्ष काष्ठ है, सुमेरु पर्वत है, चिन्तामणि पत्थर है, सूर्य की किरणें बहुत अधिक जलने वाली हैं, चन्द्रमा क्षयरोग से पीड़ित है, समुद्र खारे जल वाला है, कामदेव का शरीर ही नष्ट हो चुका है, बलि का सम्बन्ध दैत्यवंश से है और कामधेनु पशु है। इस प्रकार आपके समान अन्य कोई नहीं है। किससे आपकी उपमा दी जाये?

*

विनयं राजपुत्रेभ्यः पण्डितेभ्यः सुभाषितम्।
अनृतं द्यूतकारेभ्यः स्त्रीभ्यः शिक्षेत् कैतवम् ॥17॥

मनुष्यों को राजपुत्रों से विनय एवं नम्रता की, विद्वानों से बातचीत के उत्तम एवं सुसंस्कृत ढंग की, जुआरियों से असत्य-भाषण के अनेक रूपों की तथा स्त्रियों से छल-कपट की शिक्षा लेनी चाहिए।

*

अनालोक्य व्ययं कर्त्ता ह्यनाथः कलहप्रियः।
आतुरः सर्वक्षेत्रेषु नरः शीघ्रं विनश्यति ॥18॥

आय के स्रोत की परवा न करते हुए अन्धाधुन्ध व्यय करने वाला,

सहायकों के न होने पर भी झगड़ा बढ़ाने वाला तथा सभी स्त्रियों से सम्भोग करने वाला व्यक्ति शीघ्र ही नष्ट हो जाता है।

*

नाहारं चिन्तयेत्प्राज्ञो धर्ममेकं हि चिन्तयेत्।
आहारो हि मनुष्याणां जन्मना सह जायते॥19॥

विद्वान् व्यक्ति को अपने आहार की चिन्ता न करते हुए केवल धर्म के अनुष्ठान में प्रवृत्त होना चाहिए; क्योंकि आहार तो व्यक्ति के जन्म के साथ ही उत्पन्न हो जाता है।

*

जलबिन्दु निपातेन क्रमशः पूर्यते घटः।
सः हेतुः सर्वविद्यानां धर्मस्य च धनस्य च॥20॥

जिस प्रकार जल की एक-एक बूंद से धीरे-धीरे पूरा घड़ा भर जाता है, उसी प्रकार एक-एक अक्षर प्रतिदिन पढ़ने से मनुष्य एक दिन विद्वान्, एक-एक पैसा जोड़ते रहने से धनवान् और थोड़ा-थोड़ा धर्मानुष्ठान करते रहने से धार्मिक प्रवृत्ति का बन जाता है।

*

वयसः परिणामेऽपि यः खलः खल एव सः।
सम्पक्वमपि माधुर्यं नोपयातीन्द्रवारुणम्॥21॥

जिस प्रकार इन्द्रवारुणी का फल पक जाने पर भी अपनी कटुता को नहीं छोड़ पाता, उसी प्रकार आयु के ढल जाने पर भी दुष्ट व्यक्ति अपनी दुष्टता का त्याग नहीं कर पाता। अतः दुष्ट व्यक्ति पर कभी विश्वास नहीं करना चाहिए।

*

तेरहवां अध्याय

मुहूर्तमपि जीवेच्च नरः शुक्लेन कर्मणा।
न कल्पमपि कष्टेन लोकद्वयविरोधिना॥1॥

शुभ कर्म करते हुए सुख के एक क्षण का जीवन लोक-परलोक-विरुद्ध एवं निषिद्ध कर्म करते हुए व घोर कष्ट उठाते हुए हज़ारों वर्षों के जीवन की अपेक्षा कहीं अच्छा है।

*

गते शोको न कर्तव्यं भविष्यं नैव चिन्तयेत्।
वर्तमानेन कालेन प्रवर्तन्ते विचक्षणाः॥2॥

बीती हुई घटना को याद करके शोक नहीं करना चाहिए और भविष्य की चिन्ता नहीं करनी चाहिए। बुद्धिमान् व्यक्ति वही है, जो वर्तमान के सम्बन्ध में ही सोचता व विचार करता है।

*

स्वभावेन हि तुष्यन्ति देवाः सत्पुरुषाः पिता।
ज्ञातयः स्नानपानाभ्यां वाक्यदानेन पण्डिताः॥3॥

देवता, सज्जन और पिता तो सम्बन्ध के कारण अपने भक्त, आश्रित और पुत्र से स्वभावतः ही प्रसन्न रहते हैं, जाति-बन्धु खिलाने-पिलाने से प्रसन्न रहते हैं, किन्तु सच्चे ब्राह्मण तो सम्मानपूर्वक किये गये सम्भाषण से ही प्रसन्न हो जाते हैं।

*

अहो वत विचित्राणि चरितानि महात्मनाम्।

लक्ष्मीं तृणाय मन्यन्ते तद् भारात् नमन्ति च॥4॥

महात्माओं का चरित्र सचमुच ही आश्चर्यजनक होता है; क्योंकि वे एक ओर तो लक्ष्मी को तिनके के समान तुच्छ समझते हैं और दूसरी ओर यदि लक्ष्मी उनके पास आ जाती है, तो वे अत्यन्त विनम्र हो जाते हैं।

*

यस्य स्नेहो भयं तस्य स्नेहो दुःखस्य भाजनम्।
स्नेहमूलानि दुःखानि तानि त्यक्त्वा वसेत् सुखम्॥5॥

जिसका जिसके प्रति स्नेह होता है, वह उसी के सुख-दुःख तथा उसी के रुष्ट-तुष्ट होने की चिन्ता करता है। जिस व्यक्ति का किसी के प्रति लगाव ही नहीं होता, उसे किसी के दुखी या सुखी होने से क्या लेना-देना? इससे यह स्पष्ट होता है कि दुःख का मूल कारण स्नेह है। अतः बुद्धिमान् व्यक्ति को चाहिए कि वह स्नेह का परित्याग कर दे, ताकि वह निश्चिन्त होकर सुखपूर्वक जी सके।

*

अनागतविधाता च प्रत्युत्पन्नमतिस्तथा।
द्वावेते सुखमेधेते यद्भविष्यो विनश्यति॥6॥

संकट आने से पूर्व ही उसके निवारण का उपाय सोचने वाले व्यक्ति तथा संकट आने पर उसी समय, अर्थात् तुरन्त उससे बचने का उपाय करने वाले व्यक्ति सदा सुखी रहते हैं, परन्तु जो व्यक्ति यह सोचता है कि जो होना है, वह होकर ही रहेगा, अतः बचाव की चेष्टा करना व्यर्थ है, ऐसा व्यक्ति सदा दुखी रहता है और नष्ट हो जाता है।

*

राज्ञि धर्मिणि धर्मिष्ठाः पापे पापाः समे समाः।
राजानमनुवर्तन्ते यथा राजा तथा प्रजाः॥7॥

राजा के धर्मात्मा होने पर प्रजा भी धार्मिक होती है और राजा के पापी होने पर प्रजा में भी पापाचार फैल जाता है। कहने का आशय यह है कि

प्रजा सदा राजा का ही अनुसरण करती है, अतः प्रजा को सन्मार्ग पर लाने के लिए राजा को अपने चरित्र को आदर्श बनाना चाहिए।

*

जीवन्तं मृतवन्मन्ये देहिनं धर्मवर्जितम्।
मृतो धर्मेण संयुक्तो दीर्घजीवी न संशयः॥8॥

धर्मरहित प्राणी जीवित होते हुए भी मृतक के समान होता है, परन्तु धर्मात्मा व्यक्ति मर जाने के पश्चात् भी दीर्घजीवी होता है, अर्थात् उसका यश अनन्तकाल तक संसार में व्याप्त रहता है, इसमें तनिक भी संशय नहीं है।

*

धर्मार्थ काममोक्षाणां यस्यैकोऽपि न विद्यते।
अजागलस्तनस्यैव तस्य जन्म निरर्थकम्॥9॥

मनुष्य के चार पुरुषार्थ हैं—धर्म, अर्थ, काम और मोक्ष। जो व्यक्ति मानव-शरीर पाकर भी इन चारों में से किसी एक को भी पाने में सफल नहीं होता, उसका जन्म बकरे के गले में लटकते स्तन के समान निरर्थक होता है।

*

दह्यमानाः सुतीव्रेण नीचाः परयशोऽग्निना।
अशक्तास्तत्पदं गन्तुं ततो निन्दां प्रकुर्वते॥10॥

दूसरों की कीर्तिरूपी अग्नि में तेजी से जलते हुए नीच व्यक्ति जब उस उच्च पद को पाने में असमर्थ रह जाते हैं, तो वे उन यशस्वी व्यक्तियों की निन्दा करने लग जाते हैं।

*

बन्धाय विषयासङ्गो मुक्तये निर्विषयं मनः।
मन एव मनुष्याणां कारणं बन्धमोक्षयोः॥11॥

विषयों—काम, क्रोध, लोभ और मोह—में पड़े रहने से व्यक्ति आवागमन के बन्धन में पड़ जाता है, किन्तु इन विषयों से बचकर वह मुक्ति प्राप्त कर लेता है। इस प्रकार मनुष्य की मुक्ति का कारण उसका अपना मन ही है।

*

देहाभिमाने गलिते ज्ञानेन परमात्मनि।
यत्र यत्र मनो याति तत्र तत्र समाधयः॥12॥

परमात्म का ज्ञान प्राप्त कर लेने पर जब मनुष्य का देहाभिमान छूट जाता है, तो वह अपने को शरीर न मानकर उससे भिन्न मानने लगता है। तब उसका मन जहां भी जाता है, उसे वहीं समाधि की अनुभूति होने लगती है, अर्थात् वह जागृतावस्था में ही समाधि की स्थिति में पहुंच जाता है।

*

ईप्सितं मनसः सर्वं कस्य सम्पद्यते सुखम्।
दैवायत्तं यतः सर्वं तस्मात् सन्तोषमाश्रयेत्॥13॥

संसार में किसी को भी मनचाहा सुख नहीं मिलता। सुख–दुःख की प्राप्ति ईश्वर के अधीन है। अतः मनुष्य को जितना भी सुख मिलता है, उसे उतने से ही सन्तोष कर लेना चाहिए, अधिक प्राप्ति की चाह में अपने को दुखी नहीं करना चाहिए।

*

यथा धेनुसहस्त्रेषु वत्सो गच्छति मातरम्।
तथावद्धि कृतं कर्म कर्तारमनुगच्छति॥14॥

जिस प्रकार गाय का बछड़ा हज़ारों गायों की बीच खड़ी अपनी माता के पास जा पहुंचता है, उसी प्रकार मनुष्य का कर्म भी कर्ता को खोज निकालता है, अर्थात् मनुष्य अपने किये कर्म का फल भोगने से बच नहीं सकता।

*

अनवस्थित-कार्यस्य न जने न वने सुखम्।
जनो दहति संसर्गाद् वनं सङ्गविवर्जनात्॥15॥

अपने कर्तव्य–पथ का निर्णय न कर सकने वाले व्यक्ति को न घर में सुख मिलता है और न वन में ही सुख प्राप्त होता है। घर उसे जलाता है और वन उसे अपने परिवार को छोड़ने के दु:ख और अकेलेपन की पीड़ा से व्यथित करता है।

*

खनित्वा हि खनित्रेण भूतले वारि विन्दति।
तथा गुरुगतां विद्यां शुश्रूषुरधिगच्छति॥16॥

जिस प्रकार खुदाई करने वाला व्यक्ति पृथ्वी के नीचे विद्यमान जल को निकाल लेता है, उसी प्रकार गुरु की सेवा करने वाला शिष्य भी गुरु के हृदय में स्थित विद्या को प्राप्त कर लेता है।

*

कर्मायत्तं फलं पुंसां बुद्धिः कर्मानुसारिणी।
तथापि सुधियश्चार्याः सुविचार्यैव कुर्वते॥17॥

मनुष्य को अपने पूर्वजन्मों के कर्मानुसार ही सुख–दु:ख मिलता है। इस प्रकार फल–प्राप्ति कर्मों के अधीन है। जैसे कर्म होते हैं, फल भी वैसा ही मिलता है और उस समय मनुष्य की बुद्धि भी वैसी ही हो जाती है। अत: मनुष्य को सोच–विचार कर ही कार्य करना चाहिए।

*

एकाक्षरप्रदातारं यो गुरुं नाभिवन्दते।
श्वानयोनिशतं भुक्त्वा चाण्डालेष्वभिजायते॥18॥

'ओम् इत्येकाक्षरं ब्रह्म' अर्थात् तू ही ब्रह्म है—जो शिष्य इस प्रकार एक ही मन्त्र के रूप में तत्त्व ज्ञान का उपदेश देने वाले गुरु की वन्दना नहीं करता, ऐसा कृतघ्न सौ बार कुत्ते की योनि में जन्म लेने के उपरान्त चाण्डाल की योनि में उत्पन्न होता है।

युगान्ते प्रचलेन्मेरुः कल्पान्ते सप्त सागराः।
साधवः प्रतिपन्नार्थाः न चलन्ति कदाचन्॥19॥

युग के अन्त में सुमेरु पर्वत का चलायमान होना सम्भव है, कल्प के अन्त में सातों समुद्रों का अपनी मर्यादा का त्याग करना भी सम्भाव है, परन्तु किसी महात्मा का अपने संकल्प से अथवा अपनी प्रतिज्ञा से विचलित होना कभी सम्भव नहीं होता। वे अपने सिद्धान्तों पर सदा अडिग रहते हैं।

*

चौदहवां अध्याय

पृथिव्यां त्रीणि रत्नानि जलमन्नं सुभाषितम्।
मूढैः पाषाणखण्डेषु रत्नसंज्ञा विधीयते॥1॥

इस पृथ्वी पर तीन पदार्थों को ही रत्न कहा जाना चाहिए—1. जल, 2. अन्न और 3. मधुर वचन। मूर्ख व्यक्ति पत्थर के टुकड़ों को रत्न कहते हैं, जो उनकी मूर्खता का लक्षण है।

*

आत्मापराधवृक्षस्य फलान्येतानि देहिनाम्।
दारिद्र्यदुःखरोगाणि बन्धनं-व्यसनानि च॥2॥

दरिद्रता, दुःख, रोग, बन्धन अथवा विपत्ति—ये सब मनुष्य के पापकर्मरूपी वृक्ष के फल हैं, इन्हें व्यक्ति अपने कर्मों के फल के रूप में ही पाता है। अतः सुख व आनन्द की प्राप्ति के लिए मनुष्य को सदा अच्छे कर्म ही करने चाहिए।

*

पुनर्वित्तं पुनर्मित्रं पुनर्भार्या पुनर्मही।
एतत्सर्वं पुनर्लभ्यं न शरीरं पुनः पुनः॥3॥

नष्ट हो चुका धन, छूटे हुए मित्र, खोयी हुई धरती तथा मर चुकी स्त्री आदि सब दोबारा मिल सकता है, परन्तु एक बार नष्ट हुआ यह मानव-शरीर पुनः प्राप्त नहीं होता।

*

बहूनां चैव सत्त्वानां समवायो रिपुञ्जयः।

वर्षाधाराधरो मेघस्तृणैरपि निवार्यते॥4॥

अनेक छोटे-छोटे प्राणियों का समूह मिलकर बड़े-बड़े शत्रुओं पर विजय प्राप्त कर लेता है, जबकि एक अकेला व्यक्ति बलवान् होने पर भी कुछ नहीं कर सकता। उदाहरण के रूप में छोटे-छोटे तिनके भी एकत्र हो जाने पर, अर्थात् छप्पर का रूप ले लेने पर अखण्ड जलधारा को बरसाने वाले बादल के वेग को रोकने में समर्थ हो जाते हैं।

*

जले तैलं खले गुह्यं पात्रे दानं मनागपि।
प्राज्ञे शास्त्रं स्वयं याति विस्तारं वस्तुशक्तितः॥5॥

जिस प्रकार जल में डाला गया तेल जल के प्रवाह के साथ फैलता जाता है, दुष्ट व्यक्ति को बताया गया रहस्य उसके ओछेपन के कारण रहस्य नहीं रह जाता, सबके कानों तक पहुंच जाता है और सत्पात्र को दिया गया दान विस्तार पा जाता है, उसी प्रकार बुद्धिमान् व्यक्ति को दिया गया शास्त्र-ज्ञान थोड़ा होने पर भी अपनी शक्ति से स्वयं विस्तार प्राप्त कर लेता है।

*

धर्माख्याने श्मशाने च रोगिणां या मतिर्भवेत्।
सा सर्वदैव तिष्ठेच्चेत् को न मुच्येत् बन्धनात्॥6॥

धर्मविषयक कथा सुनने पर, श्मशान में शवदाह को देखकर तथा रोगियों की छटपटाहट को देखकर जैसी वैराग्य बुद्धि उत्पन्न होती है, यदि कहीं वैसी ही बुद्धि उन सबके न होने पर भी बनी रहे, तो ऐसा कौन व्यक्ति है, जो आवागमन के बन्धन से मुक्त न हो जाये?

*

उत्पन्न-पश्चात्तापस्य बुद्धिर्भवति यादृशी।
तादृशी यदि पूर्वं स्यात् कस्य न स्यान्महोदयः॥7॥

किसी निन्दनीय कर्म को करने के पश्चात् मनुष्य की बुद्धि जैसी निर्मल हो जाती है, यदि वैसी ही बुद्धि पहले भी होती, तो मनुष्य का

कल्याण कैसे न हो जाता ? तब उसे कुकर्म करने की आवश्यकता ही क्यों होती ?

*

दाने तपसि शौर्ये च विज्ञाने विनये नये।
विस्मयो न हि कर्त्तव्यो बहुरत्ना वसुन्धरा ॥8॥

दान, तप, वीरता, विद्वत्ता, सुशीलता और नीति-निपुणता का अहंकार कभी नहीं करना चाहिए; क्योंकि इस धरती पर एक से बढ़कर एक दानी, तपस्वी, शूरवीर तथा विद्वान् मौजूद हैं।

*

दूरस्थोऽपि न दूरस्थो यो यस्य मनसि स्थितः।
यो यस्य हृदये नास्ति समीपस्थोऽपि दूरतः ॥9॥

जिसका जिसके प्रति प्रेमभाव होता है, वह दूर होते हुए भी पास रहता है, परन्तु जिसके प्रति कोई मानसिक लगाव नहीं होता, वह पास होते हुए भी दूर होता है।

*

यस्माच्च प्रियमिच्छेत्तु तस्य ब्रूयात् सदा प्रियम्।
व्याधो मृगवधं कर्तुं गीतं गायति सुस्वरम् ॥10॥

जिस प्रकार मृग को मारने की इच्छा होने पर शिकारी उसे मोहित करने के लिए मधुर स्वर में बीन बजाता है, उसी प्रकार जिससे किसी प्रकार का लाभ होने की सम्भावना हो, उसके साथ सदा मधुर व्यवहार ही करना चाहिए।

*

अत्यासन्ना विनाशाय दूरस्थाः न फलप्रदाः।
सेव्यन्तां मध्यभागेन राजा-वह्निर्गुरुः स्त्रियः ॥11॥

राजा, अग्नि, गुरु और स्त्रियों के अति निकट रहना सदा विनाश का

कारण होता है, परन्तु इनसे दूर रहने पर भी कोई लाभ नहीं होता। अतः विनाश से बचने के लिए मध्यमार्ग ही अपनाना चाहिए।

*

अग्निरापः स्त्रियो मूर्खः सर्पो राजकुलानि च।
नित्यं यत्नेन सेव्यानि सद्यः प्राणहराणि षट्॥12॥

1. अग्नि, 2. जल, 3. स्त्री, 4. मूर्ख व्यक्ति, 5. सांप और 6. राजवंश के साथ व्यवहार में बहुत सावधानी बरतनी चाहिए; क्योंकि जहां ये अनुकूल होने पर अभीष्ट मनोरथ प्रदान करते हैं, वहीं तनिक-सी चूक हो जाने पर प्राणों का हरण भी कर लेते हैं।

*

स जीवति गुणाः यस्य यस्य धर्मः सः जीवति।
गुणधर्मविहीनस्य जीवितं निष्प्रयोजनम्॥13॥

इस संसार में जिसके पास दया, परोपकार व लोक-सेवा-जैसे गुण हैं, अर्थात् जिसने अपने वर्णाश्रम के कर्तव्यों का उचित रूप से पालन किया है, उसी के जीवन को सफल माना जा सकता है। इसके विपरीत गुणहीन और धर्मरहित व्यक्ति का जीवन तो सर्वथा निरर्थक और निष्फल ही कहलाता है।

*

यदीच्छसि वशीकर्तुं जगदेकेन वर्त्मना।
परापवादशस्येभ्यो गां चरन्ती निवारय॥14॥

यदि कोई व्यक्ति इस संसार के सब प्राणियों को अपने वश में करना चाहता है, तो उसे अपनी वाणी को परनिन्दा से बचा लेना चाहिए, किसी की निन्दा नहीं करनी चाहिए।

*

प्रस्तावसदृशं वाक्यं प्रभावसदृशं प्रियम्।

आत्मशक्तिसमं कोपं यो जानाति सः पण्डितः॥15॥

अवसर के अनुकूल बात करने वाला, अपनी सामर्थ्य के अनुसार साहस करने वाला तथा अपनी शक्ति के अनुरूप क्रोध करने वाला व्यक्ति ही बुद्धिमान् कहलाता है।

*

एक एव पदार्थस्तु त्रिधा भवति वीक्षितः।
कुणयः कामिनी मांसो योगिभिः कामिभिः श्वभिः॥16॥

दृष्टिकोण की भिन्नता के कारण एक ही पदार्थ तीन भिन्न-भिन्न रूपों में दिखाई देता है। स्त्री का शरीर योगियों के लिए शवरूप है, तो कामियों के लिए सौन्दर्य का भाण्डार है और कुत्तों के लिए मांसपिण्ड है।

कहने का तात्पर्य यह है कि सौन्दर्य किसी वस्तु में नहीं होता, वह तो देखने वाले की दृष्टि में होता है।

*

सुसिद्धमौषधं धर्मं गृहच्छिद्रं च मैथुनम्।
कुभुक्तं कुश्रुतं चैव मतिमान् न प्रकाशयेत्॥17॥

1. किसी सिद्ध ओषधि का ज्ञान, 2. धर्माचरण, 3. अपने घर के दोष, अर्थात् पति-पत्नी के बीच की कलह या किसी परिजन का किसी असाध्य रोग से पीड़ित होना या दरिद्रता आदि, 4. मैथुन, 5. घटिया अन्न से बना भोजन तथा 6. संसार में हो रही अपनी निन्दा—इन छह बातों को सदा अपने तक ही सीमित रखना चाहिए, किसी अन्य को नहीं बताना चाहिए।

*

तावन्मौनेन नीयन्ते कौकिलैश्चैव वासराः।
यावत्सर्वजनानन्ददायिनी वाक् न प्रवर्तते॥18॥

वसन्त ऋतु में फलने वाली आम्रमञ्जरी के स्वाद से लोगों को आनन्दित करने वाली कोयल की वाणी जब तक मधुर व कर्णप्रिय नहीं हो जाती, तब तक कायेल मौन ही रहती है।

धर्मं धनं च धान्यं च गुरोर्वचनमौषधम्।
सुगृहीतं च कर्त्तव्यमन्यथा तु न जीवति॥19॥

धर्म, अर्थात् यज्ञ-क्रिया अथवा किसी तन्त्र का अनुष्ठान आदि, अपने धन का उपयोग, धान्य आदि का सेवन, गुरु का आदेश तथा ओषधि का प्रयोग भली प्रकार सोच-विचारकर ही करना चाहिए; क्योंकि इनके ग़लत प्रयोग से हानि भी हो सकती है।

*

त्यज दुर्जनसंसर्गं भज साधु-समागमम्।
कुरु पुण्यमहोरात्रं स्मर नित्यमनित्यतः॥20॥

बुद्धिमान् व्यक्ति को दुर्जनों की संगति तुरन्त छोड़ देनी चाहिए और साधुजनों का संग करना चाहिए। उसे प्रतिदिन कोई-न-कोई कार्य करते रहना चाहिए। इस असार संसार में वासना का परित्याग करके उसे परमात्मा का ही निरन्तर ध्यान व स्मरण करना चाहिए।

*

पन्द्रहवां अध्याय

यस्य चित्तं द्रवीभूतं कृपया सर्वजन्तुषु।
तस्य ज्ञानेन मोक्षेण किं जटाभस्मलेपनैः॥1॥

जिसका मन किसी भी प्राणी को संकट में देखकर द्रवित हो जाता है, उसे ज्ञान प्राप्त करने तथा मोक्ष-प्राप्ति के लिए, जटा बढ़ाने या भस्म लगाने की कोई आवश्यकता नहीं।

*

एकमेवाक्षरं यस्तु गुरुः शिष्यं प्रबोधयेत्।
पृथिव्यां नास्ति तद् द्रव्यं यद् दत्वा चानृणी भवेत्॥2॥

जो गुरु अपने शिष्य को एकाक्षर के रूप में सच्चे तत्त्वज्ञान का उपदेश देता है, अर्थात् उसे ब्रह्म का साक्षात्कार कराता है, पृथ्वी पर ऐसा कोई मूल्यवान् पदार्थ नहीं, जिसे गुरु को अर्पण करके शिष्य उसके ऋण से उऋण हो सके।

*

खलानां कण्टकानाञ्चैव द्विविधैव प्रतिक्रिया।
उपानन्मुखभङ्गोवा दूरतो वा विसर्जनम्॥3॥

दुष्टों व कांटों से छुटकारा पाने के दो ही उपाय हैं—एक, जूते से उनका मुंह तोड़ देना और दूसरा, दूर से ही उनका परित्याग कर देना।

*

कुचैलिनं दन्तमलोपधारिणम्,
बह्वाशिनं निष्ठुरभाषिणं च।

सूर्योदये चास्तमिते शयानं,
विमुञ्चति श्रीर्यदि चक्रपाणिः ॥4 ॥

मैले-कुचैले कपड़े पहनने वाला, गन्दे दांतों वाला, अधिक भोजन करने वाला, कठोर वाणी बोलने वाला तथा सूर्योदय व सूर्यास्त के समय सोता रहने वाला—यदि साक्षात् विष्णु हो, तो भी लक्ष्मी उसे अवश्य छोड़ देती है, फिर दूसरों का तो कहना ही क्या ?

*

त्यजन्ति मित्राणि धनैर्विहीनम्,
दाराश्च भृत्याश्च सुहृज्ज्ञानाश्च ।
तं चार्थवन्तं पुनराश्रयन्ते,
ह्यर्थो हि लोके पुरुषस्य बन्धुः ॥5 ॥

व्यक्ति के धनहीन होते ही उसके मित्र, स्त्रियां, सेवक तथा अन्य सब सम्बन्धी उसका साथ छोड़ देते हैं, परन्तु जब संयोगवश वही व्यक्ति पुनः धनवान् हो जाता है, तो उसे छोड़कर जाने वाले सभी व्यक्ति उसके पास पुनः लौट आते हैं और उसे फिर से अपना मानने लगते हैं। इससे यही सिद्ध होता है कि धन ही व्यक्ति का सच्चा मित्र है।

*

अन्यायोपार्जितं वित्तं दशवर्षाणि तिष्ठति ।
प्राप्ते चैकादशे वर्षे समूलं तद् विनश्यति ॥6 ॥

अन्याय, अर्थात् बेईमानी से कमाया हुआ धन अधिकाधिक दस वर्षों तक ही रह पाता है। ग्यारहवें वर्ष में वह बढ़ा हुआ धन मूल के साथ ही नष्ट हो जाता है।

*

अयुक्तं स्वामिनो युक्तं युक्तं नीचस्य दूषणम् ।
अमृतं राहवे मृत्युर्विषं शंकर-भूषणम् ॥7 ॥

समर्थ व्यक्ति के लिए अयोग्य वस्तु भी भूषण के समान हो जाती है,

जबकि नीच व्यक्ति के लिए योग्य वस्तु भी अनुपयुक्त व दोषरूपी बन जाती है। उदाहरणार्थ, देवों को अमृतत्त्व प्रदान करने वाला अमृत राहु के लिए प्राणघाती सिद्ध हुआ और प्राणघातक विष भगवान् शंकर के लिए आभूषण बन गया।

*

तद् भोजनं यद् द्विजभुक्तशेषम्,
तत्सौहृदं यत् क्रियते परस्मिन्।
स प्राज्ञता या न करोति पापम्,
दम्भं विना यः क्रियते स धर्मः ॥8॥

ब्राह्मणों को खिलाने के उपरान्त बचा हुआ भोजन ही सर्वोत्तम भोजन होता है, दूसरों का हित करने की प्रवृत्ति ही सच्ची सहृदयता होती है, पाप से छुटकारा दिलाने वाली बुद्धि ही निर्मल कहलाती है और छल-कपट से रहित शुद्ध आचरण ही सच्चा धर्म होता है।

*

मणिर्लुण्ठति पादाग्रे काचः शिरसि धार्यते।
क्रयविक्रयवेलायां काचः काचो मणिर्मणिः ॥9॥

मणि को भले ही पांव में धारण क्यों न किया जाये और कांच को भले ही सिर पर क्यों न धारण कर लिया जाये, किन्तु ख़रीदते या बेचते समय मणि और कांच के मूल्य में बहुत अधिक अन्तर होता है। इस श्लोक का भावार्थ यह है कि योग्य व्यक्ति को किसी मामूली स्थान पर और अयोग्य व्यक्ति को किसी उच्च पद पर बिठा देने से उनके मूल्य में कोई परिवर्तन नहीं होता।

*

अनन्तशास्त्रं बहुलाश्च विद्याः
अल्पश्च कालो बहुविघ्नता च।
यत्सारभूतं तदुपासनीयम्

हंसो यथा क्षीरमिवाम्बुमध्यात्॥10॥

शास्त्र अनन्त हैं, उनकी गिनती नहीं की जा सकती, परन्तु जीवन बहुत थोड़ा है और उसमें भी अनेक प्रकार के रोग-शोक आदि विघ्न आते रहते हैं। अतः व्यक्ति को शास्त्रों का सार ग्रहण कर लेना चाहिए। जिस प्रकार हंस पानी मिले दूध में से दूध को पी लेता है और पानी को छोड़ देता है. उसी प्रकार बुद्धिमान् व्यक्ति को शास्त्रों के तत्त्व को ग्रहण कर लेना चाहिए।

*

दूरागतं पथि श्रान्तं वैवश्येन गृहमागतम्।
अनर्चयित्वा यो भुङ्क्ते स वै चाण्डाल उच्यते॥11॥

दूर से आये हुए परिचित अथवा अपरिचित व्यक्ति को, रास्ता चलने से थके-मांदे व्यक्ति को तथा विवशता के कारण आश्रय की इच्छा से घर में आये व्यक्ति को बिना खिलाये-पिलाये, जो स्वयं खा-पी लेता है, उसे चाण्डाल कहते हैं।

*

पठन्ति चतुरो वेदान् धर्मशास्त्राण्यनेकशः।
आत्मानं नैव जानन्ति दर्वी पाकरसं यथा॥12॥

जिस प्रकार पाक में घुसी हुई कलछी उस पाक के रस को नहीं जानती, उसी प्रकार आजकल के विद्वान् भी वेदों और शास्त्रों को पढ़ तो लेते हैं, परन्तु उनके आत्मतत्त्व को नहीं जानते।

*

धन्या द्विजमयी नौका विपरीता भवार्णवे।
तरन्त्यधोगताः सर्वे उपरिष्ठाः पतन्त्यधः॥13॥

इस संसार-सागर में ब्राह्मणरूपी नौका—अर्थात् ब्राह्मणों के सहारे अपने उद्धार की कामना करने वालों—की बड़ी विचित्र स्थिति है। इस संसार में नीचे गये हुए (ब्राह्मणों के सामने विनम्र) तो तर जाते हैं, परन्तु

जो ऊपर बैठे रहते हैं (गर्वित रहते हैं), उनका कभी उद्धार नहीं होता।

*

अयममृतनिधानं नायकोऽप्योषधीनाम्,
कमलासहजातः कान्तियुक्तोऽपिचन्द्रः।
भवति विगतरश्मिर्मण्डलं प्राप्य भानोः,
परसदननिविष्टः को लघुत्वं न याति॥14॥

चन्द्रमा अमृत का भण्डार है, ओषधियों में रस डालने वाला है, इसलिए उनका अधिपति भी कहलाता है और लक्ष्मी के साथ समुद्र से उत्पन्न होने के कारण उसका भाई भी है और अत्यन्त शोभायुक्त भी है, परन्तु सूर्य के मण्डल में पहुंचते ही वह बिल्कुल फीका पड़ जाता है। उसकी इस दशा से यह सिद्ध होता है कि दूसरे के घर जाने से किसी का भी बड़प्पन बना नहीं रह सकता।

*

अलिरयं नलिनीदलमध्यगः
कमलिनी मकरन्दमदालसः।
विधिवशात् परदेशमुपागतः
कुटजपुष्परसं बहुमन्यते॥15॥

कमलिनियों के बीच रहने वाला भंवरा उनके पुष्प का रस पीकर मस्त रहा करता था, परन्तु जब उसे परदेश में जाना पड़ा, तो वहां उस बेचारे को कटसरैया (कुटज के फूल) का रस पीने को मिला, अतः वह उसे ही गौरव देने लगा; क्योंकि कुछ भी न मिलने से कुछ मिलना अच्छा होता है। यह बात इस तथ्य को सूचित करती है कि परदेश बड़ा ही दुःखद होता है।

*

पीतः क्रुद्धेन तातश्चरणतलहतो वल्लभो येन रोषा-
दाबालाद् विप्रवर्यैः स्ववदन विवरे धार्यते वैरिणी मे।

गेहं मे छेदयन्ति प्रतिदिवसमुमाकान्तपूजानिमित्तम्
तस्मात् खिन्ना सदाहं द्विजकुलनिलयं नाथ! युक्तं त्यजामि ॥ 16 ॥

एक बार भगवान् विष्णुनारायण ने लक्ष्मी से उनके ब्राह्मणों से असन्तुष्ट रहने का कारण पूछा, तो उन्होंने कहा—नाथ! इसी ब्राह्मण कुल में उत्पन्न महर्षि अगस्त्य ने क्रुद्ध होकर मेरे पिता समुद्र को पी लिया था (लक्ष्मी का जन्म समुद्र-मन्थन के समय समुद्र से हुआ था। इसलिए समुद्र को लक्ष्मी का पिता माना जाता है।) और इसी कुल के एक सदस्य महर्षि भृगु ने आपकी छाती पर अपने चरण से प्रहार किया था। ये लोग मेरी सौत सरस्वती की उपासना करते हैं और उसे बहुत सम्मान भी देते हैं। इसके अतिरिक्त ये प्रतिदिन शंकरजी की उपासना के लिए मेरे घर (कमल का पुष्प लक्ष्मी का निवासस्थान माना जाता है) को भी उजाड़ते रहते हैं। इसीलिए उनके व्यवहार से खिन्न होकर मैं उनका परित्याग करती हूं और मेरा यह निर्णय सर्वथा उपयुक्त है।

कहा जाता है कि सरस्वती और लक्ष्मी एक साथ नहीं रह पातीं, इन दोनों का वैर है। सम्भवतः इसीलिए विद्वान् व्यक्ति दरिद्र होते हैं और धनवान् व्यक्ति मूर्ख होते हैं।

*

बन्धनानि खलु सन्ति बहूनि
प्रेमरज्जुकृत बन्धनमन्यत्।
दारुभेद निपुणोऽपि षडङ्घ्रि-
र्निष्क्रियो भवति पङ्कजकोशे ॥ 17 ॥

यूं तो इस संसार में अनेक प्रकार के बन्धन हैं, परन्तु प्रेम का बन्धन कुछ अलग प्रकार का होता है। लकड़ी को भी फाड़ने में दक्ष भंवरा कमल-कोश को तोड़ने में क्यों असमर्थ हो जाता है? केवल प्रेम-बन्धन के कारण ही वह कमल-कोश को नहीं तोड़ पाता। इससे सिद्ध होता है कि प्रेम-बन्धन कच्चे धागे के सुदृढ़ बन्धन के समान है, जिसकी डोर से बंधे प्रेमीजन अनायास ही खिंचे चले आते हैं।

छिन्नोऽपि चन्दनतरुर्जहाति गन्धम्,
वृद्धोऽपि वारणपतिर्न जहाति लीलाम्।
यन्त्रार्पितो मधुरतां न जहाति चेक्षुः,
क्षीणोऽपि न त्यजति शीलगुणान् कुलीनः ॥18॥

जिस प्रकार चन्दन का वृक्ष काटे जाने पर भी अपनी सुगन्ध का त्याग नहीं करता, हाथी बूढ़ा हो जाने पर भी अपनी विलास-लीला का परित्याग नहीं करता, ईख कोल्हू में पेरे जाने पर भी अपनी मिठास को नहीं छोड़ती, उसी प्रकार कुलीन व्यक्ति धन-धान्य से क्षीण हो जाने पर भी अपने चारित्रिक गुणों-(शील आदि)-का परित्याग नहीं करते।

*

उर्व्यां कोऽपि महीधरो लघुतरो दोर्भ्यां धृतो लीलया,
तेन त्वं दिवि भूतले च सततं गोवर्धनो गीयसे।
त्वां त्रैलोक्यधरं वहामि कुचयोरग्रेण तद्गण्यते,
किं वा केशव भाषणेन बहुना पुण्यैर्यशो लभ्यते ॥19॥

परिहास के रूप में एक गोपी श्रीकृष्ण को उलाहना देती हुई कहती है-हे कृष्ण! तुमने एक बार छोटे-से गोवर्धन पर्वत को क्या उठा लिया, तुम इस लोक में ही नहीं, अपितु तीनों लोकों में गोवर्धनधारी के नाम से प्रसिद्ध हो गये, परन्तु मैं तुम-जो तीनों लोकों को धारण करने वाले हो-को अपने हृदय में धारण किये हुए हूं-हमारी कहीं कोई गणना नहीं होती। हमें कोई त्रिलोकधारी को धारण करने वाली-जैसी पदवी से अलंकृत नहीं करता!

*

सोलहवां अध्याय

न ध्यातं पदमीश्वरस्य विधिवत्संसार-विच्छित्तये,
स्वर्गद्वारकपाटपाटन-पटुर्धर्मोऽपि नोपार्जितः।
नारीपीनपयोधरोरुयुगलं स्वप्नेऽपि नालिङ्गितम्,
मातुः केवलमेव यौवनवनच्छेदे कुठाराः वयम्॥1॥

जिस व्यक्ति ने संसार-सागर से अपने उद्धार के लिए विधिपूर्वक नारायणदेव के चरणों का आराधन नहीं किया तथा स्वर्गद्वार के किवाड़ खोलने में समर्थ धर्म का उपार्जन भी नहीं किया और स्वप्न में भी युवती के पीन पयोधरों का आलिंगन-सुख नहीं पाया, ऐसे व्यक्ति का जीवन अपनी माता के यौवनरूपी जंगल को काटने के लिए कुल्हाड़ी के समान ही हुआ मानना चाहिए; क्योंकि ऐसे पुत्र को जन्म देकर उस माता की कान्ति व्यर्थ गयी।

*

जल्पन्ति सार्द्धमन्येन पश्यन्त्यन्यं सविभ्रमाः।
हृदये चिन्तयन्त्यन्यं च स्त्रीणामेकतो रतिः॥2॥

स्त्रियां कभी किसी एक से प्रेम नहीं करतीं। वे बातें किसी से कर रही होती हैं, देख किसी अन्य की ओर रही होती हैं और अपने हृदय में चिन्तन किसी अन्य का ही कर रही होती हैं। इस प्रकार उनका प्रेम एकान्तिक न होकर बहुजनीय होता है।

*

यो मोहान्मन्यते मूढो रक्तेयं मयि कामिनी।
सः तस्याः वशगो भूत्वा नृत्येत् क्रीडाशकुन्तवत्॥3॥

जो अविवेकी मनुष्य अपने अज्ञान तथा अन्धमोह के कारण यह समझ लेता है कि यह सुन्दरी एकमात्र उसमें ही अनुरक्त है, वह अपनी उस मूर्खता के कारण उसके अधीन होकर मनोरंजन के लिए पाले हुए पक्षी के समान उसके संकतों पर नाचने के लिए विवश हो जाता है।

*

कोऽर्थान् प्राप्य न गर्वितो विषयिणः कस्यापदोऽस्तंगताः,
स्त्रीभिः कस्य न खण्डितं भुवि मनः को नाम राजप्रियः।
कः कालस्य न गोचरत्वमगमत् कोऽर्थी गतो गौरवम्,
को वा दुर्जन दुर्गमेषु पतितः क्षेमेण यातः पथिः ॥4॥

धन प्राप्त करने के पश्चात् सभी को अहंकार हो जाता है। विषयों में आसक्त सभी प्राणियों को पग–पग पर कठिनाइयां झेलनी पड़ती हैं। सुन्दर स्त्रियां अपने हाव–भाव से सबके मन को अपने वश में कर लेती हैं। कोई भी व्यक्ति सदा–सर्वदा के लिए राजाओं को प्रिय नहीं होता। संसार के सभी प्राणी काल के ग्रास हैं। किसी याचक को कभी सम्मान नहीं मिलता तथा दुर्जनों के जाल में फंसकर कोई भी पथिक अपने गन्तव्य पर नहीं पहुंच सकता।

*

न निर्मिता केन न दृष्टपूर्वा
न श्रूयते हेममयी कुरंगी।
तथापि तृष्णा रघुनन्दनस्य
विनाशकाले विपरीत बुद्धिः ॥5॥

किसी ने आज तक न तो सोने का मृग बनाया है और न ही पहले से बना हुआ देखा या सुना है। फिर भी श्रीराम उसे प्राप्त करने के लिए उत्सुक होकर उसके पीछे भाग खड़े हुए। सत्य तो यह है कि विनाश के समय व्यक्ति की बुद्धि काम ही नहीं करती। वह लुप्त हो जाती है।

*

गुणैरुत्तमतां यान्ति नोच्चैरासनसंस्थिताः।
प्रासादशिखरस्थोऽपि काकः किं गरुडायते॥6॥

मनुष्य अपने गुणों के कारण ही ऊंचा होता है, केवल ऊंचे स्थान पर विराजमान हो जाने से ऊंचा नहीं हो जाता। क्या महल की चोटी पर जा बैठने से कौआ गरुड़ बन जाता है? सत्य तो यह है कि व्यक्ति की कोई प्रतिष्ठा नहीं होती। अपने गुणों के कारण उसे प्रतिष्ठा मिलती है तथा अयोग्य व्यक्ति के उच्च पद पर बैठने से तो उस पद की गरिमा घट जाती है।

*

गुणाः सर्वत्र पूज्यन्ते न महत्योऽपि सम्पदः।
पूर्णेन्दुः किं तथा वन्द्यो निष्कलङ्को यथा कृशः॥7॥

अपने गुणों के कारण व्यक्ति को जैसा सम्मान मिलता है, वैसा सम्मान उसे अपार धन-सम्पत्ति पाकर भी नहीं मिलता। उदाहरणार्थ, पूर्णिमा के समृद्ध चांद को भी अपने कलंक के कारण पूजा नहीं जाता, जबकि क्षीण होने पर भी दूज के चांद की पूजा की जाती है।

*

परैरुक्तगुणो यस्तु निर्गुणोऽपि गुणी भवेत्।
इन्द्रोऽपि लघुतां याति स्वयं प्रख्यापितैर्गुणैः॥8॥

जिस व्यक्ति के गुणों की सभी लोग प्रशंसा करें, वह थोड़े गुणों वाला अथवा गुणों से रहित होने पर भी गुणी कहलाता है, जबकि अपने गुणों की अपने-आप ही प्रशंसा करने वाला इन्द्र भी गुणी नहीं बन पाता। वह तो आत्मप्रशंसा के दोष के कारण छोटा हो जाता है।

*

विवेकिनमनुप्राप्ताः गुणाः यान्ति मनोज्ञताम्।
सुतरां रत्नमाभाति चामीकरनियोजितम्॥9॥

जिस प्रकार सोने से जड़ा हुआ रत्न ही सुशोभित होता है, उसी प्रकार ज्ञानी व्यक्ति को पाकर गुण भी अपने को धन्य मानने लगते हैं।

गुणैः सर्वज्ञतुल्योऽपि सीदत्येको निराश्रयः।
अनर्घ्यमपि माणिक्यं हेमाश्रयमपेक्षते॥10॥

जिस प्रकार कोई अमूल्य रत्न सोने में जड़े जाने की अपेक्षा करता है, उसी प्रकार गुणों के लिए व्यक्ति को भी उपयुक्त आश्रय की आवश्यकता होती है। उपयुक्त आश्रय के अभाव में गुणी व्यक्ति भी यश एवं प्रसिद्धि प्राप्त नहीं कर सकता।

*

अतिक्लेशेन ये चार्थाः धर्मस्यातिक्रमेण च।
शत्रूणां प्रणिपातेन ते ह्यर्थाः मा भवन्तु मे॥11॥

शरीर को अत्यधिक क्लेश देकर प्राप्त होने वाले धर्म का अतिक्रमण करके पापाचरण में मिलने वाले तथा शत्रु के सम्मुख झुकने से मिलने वाले धन को सम्मानित व्यक्ति कभी उचित नहीं मानते। वे ऐसे धन को पाने की अपेक्षा उसे न पाना ही अच्छा समझते हैं।

*

किं तया क्रियते लक्ष्म्या या वधूरिव केवला।
या तु वेश्येव सामान्या पथिकैरपि भुज्यते॥12॥

उस सम्पत्ति का क्या लाभ, जो कुलवधू के समान केवल अपने स्वामी के ही उपभोग में आती है? सम्पत्ति तो वही उत्तम है, जो वेश्या के समान न केवल सभी नगरवासियों के उपभोग में आये, अपितु पथिकों के लिए भी हितकर हो।

*

धनेषु जीवितव्येषु स्त्रीषु चाहारकर्मसु।
अतृप्ताः प्राणिनः सर्वे याताः यास्यन्ति यान्ति च॥13॥

धन, जीवन और स्त्रियों तथा नाना प्रकार के खाद्य-पदार्थों से आज तक न कोई तृप्त हुआ है, न होगा और न हो रहा है। भूतकाल में सभी प्राणी इन विषयों में अतृप्त होकर ही गये हैं तथा वर्तमान में भी सब अतृप्त ही

दिखाई देते हैं और भविष्य में भी यही स्थिति बनी रहने की सम्भावना है।

*

क्षीयन्ते सर्वदानानि यज्ञहोमबलिक्रियाः।
न क्षीयते पात्रे दानमभयं सर्वदेहिनाम्॥14॥

इस संसार में सभी प्रकार के दान, यज्ञ, होम तथा पशु-पक्षियों आदि को दिया जाने वाला अन्न, अर्थात् बलि कर्म नष्ट हो जाते हैं, परन्तु सत्पात्र को दिया गया दान व जीवों को दिया गया अभयदान कभी निष्फल नहीं जाता और न कभी क्षीण होता है।

*

तृणं लघु तृणात्तूलं तूलादपि च याचकः।
वायुना किं न नीतोऽसौ मामयं याचयिष्यति॥15॥

इस संसार में सबसे हलकी घास होती है, परन्तु घास से भी हलकी रुई और उससे भी हलका याचक होता है। जब वायु घास और रुई को उड़ाकर ले जाती है, तो याचक को उड़ाकर क्यों नहीं ले जाती? इसका उत्तर यह है कि वायु जानती है कि याचक उससे भी याचना ही करेगा, अतः वह उसे उड़ाकर नहीं ले जाती। इससे यह सिद्ध होता है कि मांगने वाले से सब डरते हैं, उसे कोई भी पसन्द नहीं करता।

*

वरं प्राणपरित्यागो मानभङ्गेन जीवनात्।
प्राणत्यागे क्षणं दुःखं मानभङ्गे दिने दिने॥16॥

मान-सम्मान भंग कराकर जीने की अपेक्षा प्राणों का त्याग कर देना कहीं अच्छा होता है; क्योंकि प्राणों को त्यागने का दुःख केवल एक क्षण के लिए होता है, परन्तु अपमानित होने का दुःख जीवन-भर सालता रहता है।

*

प्रियवाक्यप्रदानेन सर्वे तुष्यन्ति जन्तवः।
तस्मात्तदेव वक्तव्यं वचने का दरिद्रता॥17॥

मधुर वचन बोलने से सब प्रसन्न होते हैं। अतः व्यक्ति को सबके साथ मीठी वाणी ही बोलनी चाहिए। इसमें कुछ भी व्यय नहीं होता और बिना कुछ भी व्यय किये हुए बहुत कुछ प्राप्त हो जाता है, फिर ऐसा न करना मूर्खता ही होगी।

*

संसारविषवृक्षस्य द्वे फले अमृतोपमे।
सुभाषितं च सुस्वादु सङ्गतिः सज्जने जने॥18॥

इस संसार रूपी विषैले वृक्ष के दो फल हैं, जो अमृत के समान मधुर व सेवन करने योग्य हैं। पहला, सुभाषित, अर्थात् मधुर वाणी, जो अत्यन्त स्वादिष्ट है और दूसरा, साधु व्यक्तियों का संग-साथ, जिससे व्यक्ति का कल्याण होता है।

*

जन्म जन्म यदभ्यस्तं दानमध्ययनं तपः।
तेनैवाभ्यासयोगेन देही चाभ्यस्यते पुनः॥19॥

जन्म-जन्मान्तरों में व्यक्ति ने दान देने और शास्त्रों के अध्ययन करने का जो अभ्यास किया होता है, उसी के कारण—नया शरीर मिलने पर—वह सत्कर्मों के अनुष्ठान का अभ्यास करता है।

*

पुस्तकेषु च या विद्या परहस्तगतं धनम्।
उत्पन्नेषु च कार्येषु न सा विद्या न तद्धनम्॥20॥

पुस्तकों में लिखी हुई विद्या और दूसरों के हाथों में गया हुआ धन आवश्यकता पड़ने पर काम नहीं आते। विद्या वही काम आती है, जिसे पढ़कर व्यक्ति ने उसे अपना लिया होता है और धन वही काम आता है, जो अपने पास होता है।

*

सत्रहवां अध्याय

पुस्तकं प्रत्ययाधीतं नाधीतं गुरुसन्निधौ।
सभामध्ये न शोभन्ते जारगर्भाः इव स्त्रियः॥1॥

जिस प्रकार परपुरुष का गर्भ धारण करने वाली स्त्री को दुराचारिणी कहा जाता है और उसका समाज में कोई सम्मान नहीं होता, उसी प्रकार गुरुचरणों में न बैठकर विद्याध्ययन करने वाले और अपने को ज्ञानी मानने वाले व्यक्तियों को भी विद्वानों की सभा में कोई आदर प्राप्त नहीं होता।

*

कृते प्रतिकृतिं कुर्याद्धिंसने प्रतिहिंसनम्।
तत्र दोषो न पतति दुष्टे दुष्टं समाचरेत्॥2॥

उपकार करने वाले के प्रति उपकार और हिंसा करने वाले के प्रति हिंसा का व्यवहार करने में कोई दोष नहीं; क्योंकि इस विषय में शास्त्र का भी यही निर्देश है कि दुष्ट के साथ दुष्टता का व्यवहार करना ही चाहिए, अन्यथा दुष्ट व्यक्ति सज्जन को कायर समझकर और अधिक उद्धत हो जाता है।

*

यद् दूरं यद् दुराराध्यं यच्च दूरे व्यवस्थितम्।
तत्सर्वं तपसा साध्यं तपो हि दुरतिक्रमम्॥3॥

जो इतना दूर हो कि उसे पाना असम्भव लगता हो तथा जो अपनी सामर्थ्य से भी दूर हो, ऐसे दुर्लभ व अनिश्चित पदार्थों को भी प्राप्त किया जा सकता है; क्योंकि तप में असीम शक्ति है। अतः तप सर्वश्रेष्ठ है। तप के द्वारा असम्भव को भी सम्भव बनाया जा सकता है। तप के द्वारा न

केवल अनेक सिद्धियां प्राप्त की जा सकती हैं, अपितु ब्रह्म का साक्षात्कार भी किया जा सकता है।

*

लोभश्चेदगुणेन किं, पिशुनता यद्यस्ति किं पातकैः,
सत्यं चेत्तपसा च किं, शुचि मनो यद्यस्ति तीर्थेन किम्।
सौजन्यं यदि किं गुणैः, सुमहिमा यद्यस्ति किं मण्डनैः,
सद्विद्या यदि किं धनैरपयशो यद्यस्ति किं मृत्युना ॥4॥

लोभ सबसे बड़ा अवगुण है, चुगुलखोरी सबसे बड़ा पाप है, सत्य सबसे बड़ा तप है और मन की पवित्रता सब तीर्थों के सेवन का फल है। सज्ञनता सबसे बड़ा गुण है, यश सर्वोत्तम आभूषण है, उत्तम विद्या सर्वश्रेष्ठ धन है और अपयश मृत्यु के समान है।

*

पिता रत्नाकरो यस्य लक्ष्मीर्यस्य सहोदरा।
शङ्खो भिक्षाटनं कुर्यान्न दत्तमुपतिष्ठते ॥5॥

शंख समुद्र से उत्पन्न होता है और लक्ष्मी का जन्म भी समुद्र से ही माना जाता है। साधुजन गृहस्थों के घर से भिक्षा मांगते समय शंख बजाकर अपने आगमन की सूचना देते हैं। इसी सन्दर्भ में इस श्लोक में कहा गया है कि जिस शंख का पिता समुद्र है और लक्ष्मी जिसकी बहिन है, वही शंख घर-घर जाकर भिक्षा मांगता है। सम्भवतः इसका कारण यह है कि शंख ने कभी कुछ दान नहीं दिया, इसीलिए उसे भी कुछ प्राप्त नहीं हुआ। इतने ऊंचे परिवार से जुड़ा होकर भी वह भिक्षुकों का सहायक ही बना रहा।

*

अशक्तस्तु भवेत्साधुर्ब्रह्मचारी च निर्धनः।
व्याधिष्ठो देवभक्तश्च वृद्धा नारी पतिव्रता ॥6॥

शक्तिहीन व्यक्ति प्रायः ब्रह्मचारी बन जाता है और निर्धन तथा आजीविका कमाने में अयोग्य व्यक्ति साधु बन जाता है, किन्हीं असाध्य

रोगों से पीड़ित व्यक्ति देवों का भक्त बन जाता है और बूढ़ी स्त्री पतिव्रता बन जाती है।

*

नान्नोदकसमं दानं न तिथिर्द्वादशी समा।
न गायत्र्याः परो मन्त्रो न मातुर्दैवतं परम्॥7॥

अन्न और जल का दान सर्वोत्तम दान है। भूखे व्यक्ति को भोजन कराने और प्यासे व्यक्ति को जल पिलाने के समान दूसरा कोई दान नहीं है। द्वादशी तिथि–जैसी अन्य कोई उत्तम तिथि नहीं है। गायत्री से बढ़कर कोई उत्तम मन्त्र नहीं है तथा मां से बढ़कर अन्य कोई देवता नहीं है।

*

तक्षकस्य विषं दन्ते मक्षिकायास्तु मस्तके।
वृश्चिकस्य विषं पुच्छे सर्वाङ्गे दुर्जने विषम्॥8॥

तक्षक सर्प के दांत में विष होता है, मक्खी के मस्तक में विष होता है, बिच्छू की पूंछ में विष होता है, परन्तु दुर्जन के तो सभी अंगों में विष–ही–विष भरा होता है। अतः बुद्धिमान् व्यक्ति को दुर्जन से दूर ही रहना चाहिए।

*

पत्युराज्ञां विना नारी ह्युपोष्य व्रतचारिणी।
आयुष्यं हरते पत्युः सा नारी नरकं वसेत्॥9॥

पति की आज्ञा के बिना व्रत–उपवास करने वाली स्त्री अपने पति की आयु का नाश करती है, जिसके फलस्वरूप वह मृत्यूपरान्त नरक में जाती है।

*

पादशेषं पीतशेषं सन्ध्याशेषं तथैव च।
श्वानमूत्रसमं तोयं पीत्वा चान्द्रायणं चरेत्॥10॥

पैरों को धोने से बचा हुआ, पीने से बचा हुआ और सन्ध्या करने से

बचा हुआ जल कुत्ते के मूत्र के समान अग्राह्य होता है। यदि कोई व्यक्ति इन तीन प्रकार के जल का प्रयोग कर लेता है, तो उसे शुद्धि के लिए चान्द्रायण व्रत करना चाहिए।

*

न दानैः शुध्यते नारी नोपवासशतैरपि।
न तीर्थसेवया तद्वद्भर्तुः पादोदकैर्यथा॥11॥

स्त्री न तो अनेक प्रकार का दान करने से, न सैकड़ों प्रकार के उपवास करने से और न अनेक तीर्थों की यात्रा करने से शुद्ध होती है, वह तो श्रद्धापूर्वक केवल पति का चरणोदक लेने से ही शुद्ध होती है।

*

दानेन पाणिर्न तु कङ्कणेन,
स्नानेन शुद्धिर्न तु चन्दनेन।
मानेन तृप्तिर्न तु भोजनेन,
ज्ञानेन मुक्तिर्न तु मण्डनेन॥12॥

हाथ की शोभा दान से है, कंगन धारण करने से नहीं, शरीर की शुद्धि स्नान करने से होती है, चन्दन लगाने से नहीं, व्यक्ति को सच्चा सुख सम्मान-प्राप्ति से होता है, स्वादिष्ट भोजन खाने से नहीं। इसी प्रकार मुक्ति भी ज्ञान से मिलती है, छापा-तिलक लगाने से नहीं।

*

नापितस्य गृहे क्षौरं पाषाणे गन्धलेपनम्।
आत्मरूपं जले पश्यञ्छक्रस्यापि श्रियं हरेत्॥13॥

बुद्धिमान् व्यक्ति को नाई के घर जाकर हजामत नहीं करानी चाहिए, पत्थर-प्रतिमाओं पर चन्दन नहीं लगाना चाहिए तथा जल में अपनी परछाईं नहीं देखनी चाहिए; क्योंकि इन सबसे व्यक्ति का गौरव नष्ट हो जाता है।

*

सद्यः प्रज्ञाहरा तुण्डी सद्यः प्रज्ञाकरी वचा।
सद्यः शक्तिहरा नारी सद्यः शक्तिकरं पयः॥14॥

तुण्डी (कुन्दुरु) का सेवन करने से बुद्धि का नाश हो जाता है। वच नामक जड़ी का सेवन करने से बुद्धि का विकास होता है। स्त्री-संग करने से तत्काल शक्ति का ह्रास हो जाता है और दूध का सेवन करने से खोयी हुई शक्ति तुरन्त वापस लौट आती है।

*

परोपकरणं येषां जागर्ति हृदये सताम्।
नश्यन्ति विपदस्तेषां सम्पदः स्युः पदे पदे॥15॥

जिन व्यक्तियों के हृदय में सदा परोपकार की भावना जागृत रहती है, उनके सभी संकट नष्ट हो जाते हैं और उन्हें पग-पग पर नाना प्रकार की सम्पत्तियां सुलभ होती हैं।

*

यदि रामा यदि च रमा यदि तनयो विनयगुणोपेतः।
तनये तनयोत्पत्तिः सुरवरनगरे किमाधिक्यम्॥16॥

यदि परमात्मा की कृपा से व्यक्ति को सुन्दर स्त्री, आवश्यकता की पूर्ति के लिए पर्याप्त धन-सम्पत्ति, चरित्रवान् पुत्र तथा पुत्र का भी पुत्र, अर्थात् वंशवर्धक पौत्र प्राप्त हो गया है, उसके लिए तो स्वर्ग इस धरती पर ही है। उसे स्वर्ग में इससे अधिक क्या मिलेगा?

*

आहार निद्रा भय मैथुनञ्च, सामान्यमेतत् पशुभिर्नराणाम्।
धर्मो हि तेषामधिको विशेषो धर्मेण हीना पशुभिः समानाः॥17॥

आहार, अर्थात् खाना-पीना, सोना-जागना, भय, मैथुन—ये सब पशुओं और मनुष्यों में समान रूप से उपलब्ध हैं। इस दृष्टि से मनुष्य पशुओं से भिन्न नहीं है। मनुष्य को पशुओं से भिन्न करने वाला गुण है—धर्म, अर्थात् कर्तव्य-पालन। जो व्यक्ति अपना कर्तव्य-पालन नहीं करता, वह पशुओं

के समान है, उनसे किसी भी रूप में भिन्न नहीं।

*

दानार्थिनो मधुकराः यदि कर्णतालै-
दूरीकृता करिवरेण मदान्धबुद्ध्या।
तस्यैव गण्डयुगमण्डनहानिरेषा,
भृङ्गाः पुनः विकच-पद्मवने वसन्ति॥18॥

यदि मद से अन्धा बना गजराज अपनी मन्द बुद्धि के कारण अपने गण्डस्थल के मद को पीने के इच्छुक भंवरों को अपने कानों की चोट से दूर भगा देता है, तो इससे भंवरों की कोई हानि नहीं होती। वे वहां से हटकर खिले हुए कमलों का आश्रय ले लेते हैं और उन्हें मधुर रस भी सुलभ हो जाता है, परन्तु भंवरों के न आने से हाथी के गण्डस्थल की शोभा नष्ट हो जाती है।

कहने का आशय यह है कि याचक को भगा देने से याचक की कोई हानि नहीं होती, उसे तो अन्य कोई दाता मिल ही जाता है, परन्तु इनकार करने से दाता की हानि अवश्य होती है; क्योंकि फिर याचक उस ओर देखता भी नहीं। इससे लोक में उस दाता का अपयश फैलने लगता है।

*

राजा वेश्या यमश्चाग्निस्तस्करो बालयाचकौ।
पर दुःखं न जानन्ति अष्टमो ग्रामकण्टकाः॥19॥

राजा, वेश्या, यम, अर्थात् मृत्यु का देवता, अग्नि, डाकू, बालक, याचक और लोगों को डराकर अपनी आजीविका चलाने वाला—ये आठों इतने निर्मम होते हैं कि दूसरों के दुःख को जानते ही नहीं।

*

अधः पश्यसि किं वृद्धे! पतितं तव किं भुवि।
रे रे मूर्ख! न जानासि गतं तारुण्य मौक्तिकम्॥20॥

किसी वृद्धा की झुकी हुई कमर को देखकर व्यंग्य करते हुए किसी

व्यक्ति ने उससे पूछा—अरी बुढ़िया! नीचे क्या देख रही है? क्या तेरा कुछ गिर गया है, जो उसे ढूंढ़ने के लिए नीचे की ओर दृष्टि लगा रखी है?

वृद्धा ने उस व्यक्ति की ताड़ना करते हुए कहा—अरे मूर्ख! तुझे पता नहीं, मेरा यौवनरूपी मूल्यवान् मोती गिर गया है, मैं उसे ही ढूंढ़ रही हूं।

*

व्यालाश्रयाऽपि विफलाऽपि सकण्टकाऽपि,
वक्राऽपि पङ्किलभवाऽपि दुरासराऽपि।
गन्धेन बन्धुरसि केतकि! सर्वजन्तो-
रेको गुणः खलु निहन्ति समस्त दोषान्॥21॥

कभी-कभी किसी का एक ही गुण किस प्रकार उसके अनेक अवगुणों को ढक देता है, इसका उदाहरण है—केतकी का फूल—जिसे सम्बोधित करते हुए कहा गया है कि हे केतकि! तुझसे सांप लिपटे रहते हैं और तुझ पर फल भी नहीं लगते, तुझमें कांटे भी बहुत हैं और तू सीधी भी नहीं है, तेरा जन्म कीचड़ में होता है और तू आसानी से मिलती भी नहीं है। इतने अवगुण होने पर भी तेरे पास मोहित करने वाली ऐसी गन्ध है कि तेरे इन अवगुणों की उपेक्षा करके भी लोग तुझे प्राप्त करने के लिए लालायित रहते हैं।

*

यौवनं धनसम्पत्तिः प्रभुत्वमविवेकिता।
एकैकमप्यनर्थाय किमु यत्र चतुष्टयम्॥22॥

यौवन, धन-सम्पत्ति की बहुतायत, अधिकार और अज्ञान—इन चारों में से प्रत्येक अकेला ही व्यक्ति को नष्ट करने के लिए पर्याप्त है। यदि ये चारों एकत्र हो जायें, अर्थात् व्यक्ति युवा भी हो, उसके पास अपार धन-दौलत भी हो, वह अपनी मर्ज़ी का मालिक भी हो, कोई उसे रोकने-टोकने वाला भी न हो और उसमें सोच-विचार करने की योग्यता भी न हो, तो उसके नष्ट होने में देर नहीं लगती।

*

चाणक्य द्वारा रचित सूत्र

आचार्य चाणक्य द्वारा रचित सूत्र भी अत्यधिक महत्त्वपूर्ण हैं, अतः हम अपने पाठकों के लिए इन सूत्रों को भी इसी पुस्तक में दे रहे हैं, ताकि हमारे पाठकों को इनकी भी जानकारी हो जाये और उन्हें इनको ढूंढ़ने के लिए अन्यत्र भटकना न पड़े।

1. सुखस्य मूलं धर्मः।

सुख का मूल धर्म है, अतः सुख की इच्छा रखने वालों को धर्म का आचरण करना चाहिए।

2. धर्मस्य मूलमर्थः।

धर्म का मूल अर्थ (राजनीति) है।

3. अर्थस्य मूलं राज्यम्।

अर्थ (राजनीति) का मूल राज्य है, अर्थात् जब राज्य ही नहीं होगा, तो राजनीति कैसे चलेगी?

4. राज्यमूलमिन्द्रियजयः।

राज्य का मूल इन्द्रियों पर विजय-प्राप्ति है, अर्थात् यदि राजा अपने राज्य को सुरक्षित रखना चाहता है, तो उसे संयमी होना ही होगा।

5. इन्द्रियजयस्य मूलं विनयः।

इन्द्रियों पर विजय का आधार विनय, अर्थात् चरित्र की दृढ़ता है।

6. विनयस्य मूलं वृद्धोपसेवा।

चरित्र की दृढ़ता वृद्ध व्यक्तियों (ज्ञानवृद्ध, वयोवृद्ध) की सेवा करने, अर्थात् उनके समीप व उनके निरीक्षण में रहकर उनका उपदेश सुनते हुए तथा उनकी आलोचना को सहन करने पर ही आती है।

7. वृद्धसेवाया विज्ञानम्।

वृद्ध व्यक्तियों की सेवा का मूल विज्ञान (ज्ञान व विवेक) है।

8. विज्ञानेनात्मानं सम्पादयेत्।

मनुष्य को विज्ञानसम्मत तथा विवेकशील बनना चाहिए। इसे ही आत्मोन्नति कहते हैं।

9. सम्पादितात्मा जितात्मा भवति।

विज्ञानसम्पन्न व्यक्ति ही आत्मजयी हो सकता है और आत्मजयी व्यक्ति ही विश्वविजेता बन सकता है।

10. जितात्मा सर्वार्थैः संयुज्येत।

आत्मसंयमी व्यक्ति समस्त अर्थों से सम्पन्न हो जाता है।

11. अर्थसम्पत्प्रकृतिसम्पदं करोति।

अर्थ–सम्पत्ति (राजनीतिक कौशल) ही अमात्य आदि प्रकृति–सम्पत्ति का आधार है।

12. प्रकृतिसम्पदा ह्यनायकमपि राज्यं नीयते।

प्रकृति सम्पत्ति होने से नेतृत्वहीन राज्य का सञ्चालन भी सम्भव हो जाता है।

13. प्रकृतिकोपः सर्वकोपेभ्यो गरीयान्।

अमात्यादि का कोप अन्य सभी कोपों से अधिक कष्टदायक होता है।

14. अविनीतस्वामिलाभादस्वामिलाभः श्रेयान्।

अविनीत स्वामी की अपेक्षा स्वामी का न होना अधिक कल्याणकारी होता है।

15. सम्पाद्यात्मानमन्विच्छेत् सहायवान्।

स्वयं को योग्य बना लेने के उपरान्त योग्य सहायकों की ही अपेक्षा करनी चाहिए।

16. नासहायस्य मन्त्रनिश्चयः।

सहायकों से रहित राजा के विचार अस्थिर व अनिश्चित ही रहते हैं।

17. नैकं चक्रं परिभ्रमयति।

राजा व उसके सहायक दो पहिये हैं और कोई भी गाड़ी एक पहिये से नहीं चल सकती।

18. सहायः समसुख-दुखः।

सुख-दु:ख में साथ निभाने वाला ही सच्चे अर्थों में सहायक होता है।

19. मानी प्रतिमानिनमात्मनि द्वितीयं मन्त्रमुत्पादयेत्।

मनस्वी राजा को अपने समान मनस्वी व्यक्ति को ही अपना परामर्शदाता नियुक्त करना चाहिए।

20. अविनीतं स्नेहमात्रेण न मन्त्रे कुर्वीत।

विनयविहीन व्यक्ति को केवल स्नेह के आधार पर सलाहकार समिति का सदस्य कभी नियुक्त नहीं करना चाहिए।

21. श्रुतवन्तमुपधाशुद्धं मन्त्रिणं कुर्वीत।

सभी प्रकार की परीक्षाओं में उत्तीर्ण हुए तथा उत्कोच (रिश्वत), प्रलोभन तथा बन्धु-स्नेह से मुक्त, योग्य एवं प्रामाणिक व्यक्ति को ही अपना मन्त्री बनाना चाहिए।

22. मन्त्रमूलाः सर्वारम्भाः।

राज्य के सभी कार्य-व्यापार मन्त्री पर ही निर्भर होते हैं।

23. मन्त्ररक्षणे कार्यसिद्धिर्भवति।

मन्त्र की रक्षा करने (किसी अन्य को जानकारी न देने) में ही कार्य की सिद्धि निहित होती है।

24. मन्त्रविस्रावी कार्यं नाशयति।

मन्त्र के फूटने का अर्थ कार्य की हानि होता है।

25. प्रमादाद् द्विषता वशमुपयास्यति।

प्रमाद के कारण व्यक्ति अपने शत्रु के वश में हो जाता है।

26. सर्वद्वारेभ्यो मन्त्रो रक्षितव्यः।

मन्त्र की रक्षा करने में कभी प्रमाद नहीं करना चाहिए।

27. मन्त्रसम्पदा राज्यं वर्धते।

मन्त्र की रक्षा राज्य की वृद्धि करती है।

28. श्रेष्ठतमां मन्त्रगुप्तिमाहुः।

मन्त्र की रक्षा, अर्थात् उसका गोपनीय होना महत्त्वपूर्ण है।

29. कार्यान्धस्य प्रदीपो मन्त्रः।

जिस प्रकार दीपक अन्धकार को मिटाकर प्रकाश फैलाता है, उसी प्रकार मन्त्र राजा को कर्तव्य–अकर्तव्य के प्रति विवेकशील बनाता है।

30. मन्त्रचक्षुषा परिच्छिद्राण्यवलोकयन्ति।

मन्त्र के प्रकाश से राजा अपने शत्रु के दोषों को देखने में सफल हो जाता है।

31. मन्त्रकाले न मत्सरः कर्तव्यः।

मन्त्र (चिन्तन) के समय ईर्ष्या का भाव कदापि नहीं रखना चाहिए।

32. त्रयाणामेकवाक्ये सम्प्रत्ययः।

तीन व्यक्तियों के एकमत होने पर ही निर्णय को अन्तिम मानना चाहिए।

33. कार्याकार्यतत्त्वार्थदर्शिनो मन्त्रिणः।

कार्य व अकार्य की वास्तविकता का निर्णायक मन्त्र ही होता है।

34. षट्कर्णाद् भिद्यते मन्त्रः।

छह कानों, अर्थात् तीसरे व्यक्ति तक मन्त्र के पहुंचते ही मन्त्र फूट जाता है। वह गुप्त नहीं रह पाता।

35. आपत्सु स्नेहसंयुक्तं मित्रम्।

आपत्ति के समय साथ निभाने वाला व्यक्ति ही सच्चा मित्र होता है।

36. मित्रसंग्रहणे बलं सम्पद्यते।

मित्रों की संख्या में बढ़ोतरी का अर्थ अपने बल व विश्वास में वृद्धि होना है।

37. बलवानलब्धलाभे प्रयतते।

अप्राप्त वस्तु की प्राप्ति के लिए प्रयत्न करने वाला ही बलवान् कहलाता है।

38. अलब्धलाभो नालस्य।

आलसी व्यक्ति कभी अप्राप्त वस्तु को प्राप्त नहीं कर सकता।

39. अलसस्य लब्धमपि रक्षितुं न शक्यते।

आलसी व्यक्ति अप्राप्त वस्तु को संयोगवश प्राप्त कर लेने पर भी उसकी सुरक्षा नहीं कर सकता।

40. न चालसस्य रक्षितं विवर्धते।

किसी अप्राप्त वस्तु के प्राप्त होने पर भी आलसी व्यक्ति उस वस्तु का संवर्द्धन नहीं कर सकता।

41. न भृत्यान् प्रेषयति।

आलसी व्यक्ति अप्राप्त वस्तु को प्राप्त कर लेने पर भी न तो स्वयं उसका उपभोग कर पाता है और न उसे अपने अनुचरों को ही दे पाता है।

42. अलब्धलाभादिचतुष्टयं राज्यतन्त्रम्।

राज्य का अस्तित्व इन चार पर ही निर्भर रहता है—1. अप्राप्त की प्राप्ति, 2. प्राप्त का संरक्षण, 3. संरक्षित का संवर्द्धन और 4. संवर्द्धित का दान व उपभोग। यही सर्वस्व है।

43. राज्यतन्त्रायत्तं नीतिशास्त्रम्।

राज्यतन्त्र का आधार नीतिशास्त्र है।

44. राज्यतन्त्रेष्वायत्तौ तन्त्रावापौ।

आयत्त (अधीन होना) और आवाप (व्यवस्थित करना) राज्यतन्त्र के अधीन होते हैं।

45. तन्त्रं स्वविषयकृत्येष्वायत्तम्।

अपने देश में साम, दान, भेद व दण्ड का प्रयोग आयत्त कहलाता है।

46. आवापो मण्डलनिविष्टः।

दूसरे देश में साम, दानादि उपायों का प्रयोग आवाप कहलाता है।

47. सन्धिविग्रह योनिर्मण्डलः।

सन्धि और विग्रह का निर्णय मन्त्रिमण्डल पर ही छोड़ देना चाहिए।

48. नीतिशास्त्रानुगो राजा।

नीतिशास्त्र के अनुसार राज्य का सञ्चालन करने वाला ही राजा कहलाता है।

49. अनन्तरप्रकृतिः शत्रुः।

अपने देश से जुड़ी सीमा पर स्थित देश का राजा, अर्थात् दूसरा राजा सहज शत्रु होता है।

50. एकान्तरितं मित्रमिष्येत।

अपने राज्य की सीमा के पास के राज्य की सीमा के पार वाला राजा

अपना सहज मित्र होता है।

51. हेतुतः शत्रुमित्रे भविष्यतः।

किसी राजा के मित्र अथवा शत्रु बनने के कुछ कारण होते हैं।

52. हीयमानः सन्धिं कुर्वीत।

दुर्बल राजा को बलशाली राजा से सन्धि कर लेनी चाहिए।

53. तेजो हि सन्धानहेतुस्तदर्थानाम्।

कार्यसिद्धि का आधार तेज (बल) ही होता है।

54. नातप्तलोहो लोहेन सन्धीयते।

जिस प्रकार ठण्डा लोहा गरम लोहे से नहीं जुड़ सकता, उसी प्रकार दुर्बल की बलवान् से कभी नहीं निभ सकती।

55. बलवान् हीनेन विगृह्णीयात्।

बलवान् राजा को दुर्बल राजा से विग्रह करना चाहिए।

56. न ज्यायसा समेन वा।

राजा को अपने समान बलवान् तथा अपने से अधिक बलवान् के साथ विग्रह (कलह) नहीं करना चाहिए।

57. गजपादयुद्धमिव बलवद्विग्रहः।

यदि दुर्बल राजा बलवान् राजा से विग्रह करता है, तो इसे पैदल सेना का गजसेना के साथ युद्ध के समान ही मानना चाहिए, अर्थात् ऐसा होने पर दुर्बल की पराजय अथवा उसका पराभव निश्चित होता है।

58. आमपात्रमामेन सह विनश्यति।

जिस प्रकार कच्चा घड़ा कच्चे घड़े के साथ टकराकर फूट जाता है, उसी प्रकार बलवान् के साथ विग्रह करने से हानि उठानी पड़ती है।

59. अरिप्रयत्नमभिसमीक्षेत।

बुद्धिमान् राजा को अपने शत्रु की गतिविधियों का सदा निरीक्षण करते रहना चाहिए।

60. सन्धायैकतो वा।

शत्रुओं की संख्या एक से अधिक होने पर किसी एक के साथ सन्धि कर लेनी चाहिए।

61. अमित्रविरोधादात्मरक्षामावसेत्।

शत्रु के विरोध की समीक्षा और अपनी सुरक्षा के उपायों की सतर्कता अवश्य बरतनी चाहिए।

62. शक्तिहीनो बलवन्तमाश्रयेत्।

दुर्बल राजा को बलवान् राजा का आश्रय लेना ही श्रेयस्कर होता है।

63. दुर्बलाश्रयो दुःखमावहति।

दुर्बल राजा का आश्रय लेने वाला राजा अपने पैरों पर अपने आप ही कुल्हाड़ी मारता है।

64. अग्निवद्राजानमाश्रयेत्।

यदि आश्रयी राजा के पास रहना ही पड़े, तो अग्नि के पास रहने के समान सावधानी बरतनी चाहिए।

65. राज्ञः प्रतिकूलं नाचरेत्।

आश्रित राजा को आश्रयदाता राजा के प्रतिकूल आचरण नहीं करना चाहिए।

66. उद्धतवेषधरो न भवेत्।

आश्रित राजा को कभी (अहंकारवश) उद्धत वेश धारण नहीं करना चाहिए।

67. न देवचरितं चरेत्।

राजा को देवों के चरित्र की नक़ल नहीं करनी चाहिए।

68. द्वयोरपीर्ष्यतोर्द्वैधीभावं कुर्वीत्।

बुद्धिमान् राजा को दो परस्पर विरोधी राजाओं में फूट डाल देनी चाहिए।

69. न व्यसनपरस्य कार्यावाप्तिः।

व्यसनों में फंसा राजा कभी किसी काम को सिद्ध नहीं कर सकता।

70. इन्द्रियवशवर्ती चतुरङ्गवानपि विनश्यति।

इन्द्रियों पर विजय न पाने वाला राजा चतुरंगिणी सेना को रखने पर भी शीघ्र नष्ट हो जाता है।

71. नास्ति कार्यं द्यूतप्रवृत्तस्य।

जुए के व्यसन में ग्रस्त राजा का कोई भी काम सिद्ध नहीं होता।

72. मृगयापरस्य धर्मार्थौ विनश्यतः।

शिकार के व्यसनी राजा के दोनों—धर्म और अर्थ—नष्ट हो जाते हैं।

73. अर्थेषणा न व्यसनेषु गण्यते।

अर्थ की अभिलाषा व्यसन नहीं कहलाती।

74. न कामासक्तस्य कार्यानुष्ठानम्।

कामासक्त राजा किसी भी काम को सिद्ध नहीं कर पाता।

75. अग्निदाहादपि विशिष्टं वाक्पारुष्यम्।

वाणी की कठोरता अग्निदाह से भी अधिक कष्टकर होती है।

76. दण्डपारुष्यात् सर्वजनद्वेष्यो भवति।

कठोर दण्ड देने वाला राजा समस्त प्रजा का शत्रु बन जाता है।

77. अर्थतोषिणं श्रीः परित्यजति।

प्राप्त धन-सम्पत्ति से सन्तुष्ट हो जाने वाले राजा को लक्ष्मी छोड़ जाती है।

78. अमित्रौ दण्डनीत्यामायत्तः।

शत्रु को दण्डनीति के द्वारा ही वश में किया जा सकता है।

79. दण्डनीतिमधितिष्ठन् प्रजाः संरक्षति।

दण्डनीति का आश्रय लेने वाला राजा ही प्रजा की रक्षा करने में समर्थ होता है।

80. दण्डः सम्पदा योजयति।

दण्ड से ही सम्पत्ति बढ़ती है।

81. दण्डाभावे मन्त्रिवर्गाभावः।

दण्डशक्ति के अभाव में मन्त्रिमण्डल में टूट-फूट हो जाती है।

82. न दण्डादकार्याणि कुर्वन्ति।

दण्डशक्ति के कारण ही लोग अकरणीय कर्मों को करने से बचते हैं।

83. दण्डनीत्यामायत्तमात्मरक्षणम्।

दण्डनीति से ही अपनी सुरक्षा सम्भव हो पाती है।

84. आत्मनि रक्षिते सर्व रक्षितं भवति।

अपनी सुरक्षा सुनिश्चित हो जाने पर ही दूसरों की सुरक्षा पर ध्यान दिया जा सकता है।

85. आत्मायत्तौ वृद्धिविनाशौ।

राजा का उत्थान व उसका पतन—दोनों उसके हाथ में हैं।

86. दण्डो हि विज्ञाने प्रणीयते।

दण्ड का प्रयोग सोच-विचारकर ही करना चाहिए।

87. दुर्बलोऽपि राजा नावमन्तव्यः।

किसी मन्त्री को दुर्बल समझकर उसकी उपेक्षा करना उचित नहीं।

88. नास्त्यग्नेदौर्बल्यम्।

जिस प्रकार अल्प मात्रा में होने पर अग्नि विनाश कर सकती है, उसी प्रकार दुर्बल सामन्त भी उत्पात मचा सकता है।

89. दण्डे प्रतीयते वृत्तिः।

व्यवहार के ज्ञान का आधार दण्ड ही है।

90. वृत्तिमूलमर्थलाभः।

व्यवहार पर ही अर्थ-प्राप्ति निर्भर रहती है।

91. अर्थमूलौ धर्मकामौ।

अर्थ पर ही धर्म और काम आश्रित हैं।

92. अर्थमूलं कार्यम्।

कार्य ही अर्थ का मूल है।

93. यदल्पप्रयत्नात् कार्यसिद्धिर्भवति।

प्रयत्न थोड़ा भी हो, परन्तु सही दिशा में हो, तो कार्य-सिद्धि हो जाती है।

94. उपायपूर्वं न दुष्करं स्यात्।

उपाय से किया जाने वाला कोई भी कार्य कठिन नहीं होता।

95. अनुपायपूर्वं कार्यं कृतमिति नश्यति।

उपाय के बिना किया गया कोई भी कार्य नष्ट हो जाता है।

96. कायार्थिनामुपाय एव सहायः।

कार्य-सिद्धि के इच्छुक व्यक्ति के लिए सही दिशा में किया गया

प्रयास अत्यन्त आवश्यक होता है।

97. कार्यं पुरुषकारेण लक्ष्यं सम्पद्यते।

पुरुषार्थ से अभीष्ट को सिद्ध किया जा सकता है।

98. पुरुषकारमनुवर्तते दैवम्।

भाग्य भी पुरुषार्थ के पीछे चलता है।

99. दैवं विनाऽतिप्रयत्नं करोति यत् तद् विफलम्।

भाग्य के प्रतिकूल होने पर प्रयत्नपूर्वक किये गये कार्य में भी सफलता नहीं मिलती।

100. असमाहितस्य वृत्तिर्न विद्यते।

असावधान व्यक्ति व्यवहारकुशल नहीं होता।

101. पूर्वं निश्चित्य पश्चात् कार्यमारभेत्।

निश्चय करने के उपरान्त ही काम को आरम्भ करना चाहिए।

102. कार्यान्तरे दीर्घसूत्रता न कर्तव्या।

एक कार्य के सिद्ध होने पर दूसरे कार्य की सिद्धि के लिए प्रवृत्त होने में देर नहीं करनी चाहिए।

103. न चलचित्तस्य कार्यावाप्तिः।

अस्थिरमति व्यक्ति अपने कार्य को सिद्ध नहीं कर पाता।

104. हस्तगतावमाननात् कार्यव्यतिक्रमो भवति।

हाथ में आयी वस्तु का तिरस्कार करने से बना हुआ कार्य भी बिगड़ जाता है।

105. दोषवर्जितानि कार्याणि दुर्लभानि।

संसार में दोषरहित कार्य अपवादरूप एवं विरल हैं।

106. दुरनुबन्धं कार्यं नारभेत्।

कष्टसाध्य कार्यों में हाथ नहीं डालना चाहिए।

107. कालवित् कार्यं साधयेत्।

समय की गति को जानने वाला व्यक्ति ही अपने कार्य को सिद्ध कर सकता है।

108. कालातिक्रमात् काल एव फलं पिबति।

समय पर कार्य को सिद्ध न करके कालान्तर में सिद्ध करने पर उसका फल व आनन्द दोनों जाते रहते हैं। समय ही फल का सुख देने वाला है।

109. क्षणं प्रति कालविक्षेपं न कुर्यात् सर्वकृत्येषु।

किसी भी कार्य की सिद्धि में क्षण-भर का भी विलम्ब नहीं करना चाहिए।

110. देशफल विभागौ ज्ञात्वा कार्यमारभेत्।

देश और फल का विवेचन करने के उपरान्त ही कार्य को आरम्भ करना चाहिए।

111. दैवहीनं कार्यं सुसाध्यमपि दुःसाध्यं भवति।

दैव के प्रतिकूल होने पर सरल कार्य भी असाध्य हो जाते हैं।

112. नीतिज्ञो देशकालौ परीक्षेत्।

नीतिज्ञ व्यक्ति को देश-काल का भली-भांति विचार करके ही कार्य-सिद्धि में प्रवृत्त होना चाहिए।

113. परीक्ष्यकारिणि श्रीश्चिरं तिष्ठति।

विचाशील व्यक्ति के पास लक्ष्मी चिरकाल तक स्थिर बनी रहती है।

114. सर्वाश्च सम्पदः सर्वोपायेन परिग्रहेत्।

राजा को साम-दानादि सभी उपायों से सम्पत्ति के सञ्चय में प्रवृत्त होना चाहिए।

115. भाग्यवन्तमपरीक्ष्यकारिणं श्रीः परित्यजति।

अविचारवान् व्यक्ति भाग्यशाली होने पर भी लक्ष्मी का कृपापात्र बनने से वञ्चित हो जाता है।

116. ज्ञानानुमानैश्च परीक्षा कर्तव्या।

प्रत्येक वस्तु की परीक्षा—प्रत्यक्ष, अनुमान, उपमान तथा शब्द—इन चार प्रमाणों से करनी चाहिए।

117. यो यस्मिन् कर्मणि कुशलस्तं तस्मिन्नेव योजयेत्।

कार्य-विशेष में कुशल व्यक्ति को उसके उपयुक्त कार्य में ही नियुक्त करना चाहिए।

118. दुःसाध्यमपि सुसाध्यं करोत्युपायज्ञः।

उपायों को जानने वाला व्यक्ति कठिन कार्य को भी सहज में ही कर लेता है।

119. अज्ञानिना कृतमपि न बहु मन्तव्यम्।

अज्ञानी व्यक्ति द्वारा किये गये किसी भी कार्य को विशेष महत्त्व नहीं देना चाहिए।

120. यादृच्छिकत्वात् कृमिरपि रूपान्तराणि करोति।

कभी-कभी एक साधारण कीड़ा भी अपना रूप बदल लेता है, फिर किसी व्यक्ति के विषय में तो कहना ही क्या ?

121. सिद्धस्यैव कार्यस्य प्रकाशनं कर्तव्यम्।

सम्पन्न हुए कार्य को ही प्रमाणित मानना चाहिए।

122. ज्ञानवतामपि दैवमानुषदोषात् कार्याणि दुष्यन्ति।

ज्ञानी लोगों के काम कभी-कभी देव-दोषों व मानुष-दोषों से ग्रस्त हो जाते हैं।

123. दैवं शान्तिकर्मणा प्रतिषेद्धव्यम्।

दैव का प्रतिकार करने के लिए शान्ति-कर्म का अनुष्ठान करना चाहिए।

124. मानुषीं कार्यविपत्तिं कौशलेन विनिवारयेत्।

मानवीय विपत्ति का निराकरण करने के लिए अपने बुद्धि-कौशल का प्रयोग करना चाहिए।

125. कार्यविपत्तौ दोषान् वर्णयन्ति बालिशाः।

विपत्ति आने पर प्रारम्भ किये गये कार्य में दोष निकालना मूर्खता का लक्षण है।

126. कार्यार्थिना दाक्षिण्यं न कर्तव्यम्।

कार्य-सिद्धि के इच्छुक व्यक्ति को भोला-भाला न बनते हुए अपने कार्य को सिद्ध करने का उपाय करना चाहिए।

127. क्षीरार्थी वत्सो मातुरूधः प्रतिहन्ति।

दूध पीने के लिए बछड़े को भी अपनी माता के स्तनों पर आघात करना पड़ता है।

128. अप्रयत्नात् कार्यविपत्तिर्भवेत्।

प्रयत्न न करने पर कार्य में व्यवधान आता ही है।

129. न दैवप्रमाणानां कार्यसिद्धिः।

दैव को प्रमाण मानने वाले अपने जीवन में कभी सफल नहीं होते।

130. कार्यबाह्यो न पोषयत्याश्रितान्।

कार्य न करने वाला व्यक्ति आय न होने पर अपने आश्रितों का पालन-पोषण नहीं कर सकता।

131. यः कार्यं न पश्यन्ति सोऽन्धः।

अपने कार्य की उपेक्षा करना अन्धा होना है।

132. प्रत्यक्षपरोक्षानुमानैः कार्याणि परीक्षेत्।

प्रमाणों से ही कार्य के साध्य-असाध्य होने की परीक्षा करनी चाहिए।

133. अपरीक्ष्यकारिणं श्रीः परित्यजति।

बिना परीक्षा किये किसी कार्य में प्रवृत्त होने वाले व्यक्ति को लक्ष्मी भी छोड़कर चल देती है।

134. परीक्ष्य तार्या विपत्तिः।

भली प्रकार सोच-विचारकर कार्य करने से विपत्ति से छुटकारा पाया जा सकता है।

135. स्वशक्तिं ज्ञात्वा कार्यमारभेत्।

अपनी शक्ति को ध्यान में रखकर ही किसी कार्य को आरम्भ करना चाहिए।

136. स्वजनं तर्पयित्वा यः शेषभोजी सोऽमृतभोजी।

अपने आश्रितों का पेट भर जाने के उपरान्त बचे हुए अन्न का सेवन करने वाला व्यक्ति अमृतसेवी कहलाता है।

137. सर्वानुष्ठानादायमुखानि वर्धन्ते।

सभी प्रकार के कार्य करने पर आय का स्त्रोत निकल आता है।

138. नास्ति भीरोः कार्यचिन्ता।

कायर व्यक्ति को अपने कर्तव्य का निर्वहण करने की चिन्ता नहीं होती।

139. स्वामिनः शीलं ज्ञात्वा कार्यार्थी कार्यं साधयेत्।

स्वामी का स्वभाव जानकर ही किसी कार्य में सिद्धि प्राप्त करने का प्रयत्न करना चाहिए।

140. धेनो शीलज्ञः क्षीरं भुङ्क्ते।

गाय के स्वभाव को जानकर ही उससे दूध निकाला जा सकता है।

141. क्षुद्रे गुह्यप्रकाशनमात्मवान् न कुर्यात्।

विचारवान् व्यक्ति को ओछे व्यक्तियों के सम्मुख अपनी गुप्त योजनाओं की चर्चा नहीं करनी चाहिए।

142. आश्रितैरप्यवमन्यते मृदुस्वभावः।

सरलप्रकृति राजा अपने आश्रितों की भी उपेक्षा का पात्र बन जाता है।

143. तीक्ष्णदण्डः सर्वैरुद्वेजनीयो भवति।

उग्र स्वभाव के राजा से सभी भयभीत रहते हैं।

144. यथार्हदण्डकारी स्यात्।

राजा को उग्रता व सरलता के बीच का उचित मार्ग ही अपनाना चाहिए।

145. अल्पसारं श्रुतवन्तमपि न बहु मन्यते लोकः।

दुर्बल राजा के विद्वान् होने पर भी प्रजा उसका आदर नहीं करती।

146. अतिभारः पुरुषमवसादयति।

अधिक भार से पुरुष व्याकुल हो जाता है।

147. याः संसदि परदोषं शंसति सः स्वदोषं प्रख्यापयति।

सार्वजनिक रूप से दूसरे के दोषों का उद्घाटन करने वाला अपनी ही अयोग्यता का परिचय देता है।

148. आत्मानमेव नाशयत्यनात्मवतां कोपः।

अपने पर संयम न रखने वाले व्यक्ति का क्रोध उसे ही नष्ट कर डालता है।

149. नास्त्यप्राप्यं सत्यवताम्।

सच्चे व्यक्ति के लिए संसार में कुछ भी प्राप्त कर लेना कठिन नहीं होता।

150. साहसेन न कार्यसिद्धिर्भवति।

केवल साहस से ही कार्य सिद्ध नहीं होते।

151. व्यसनार्तो विस्मरत्यप्रवेशेन।

विपत्ति में फंसा व्यक्ति विपत्ति समाप्त हो जाने पर उसके कष्टों को भूल जाता है।

152. नास्त्यनन्तरायः कालविक्षेपे।

समय पर कार्य न करने पर सिद्धि–प्राप्ति में बाधा आती ही है।

153. असंशयविनाशात् संशयविनाशः श्रेयान्।

निश्चित विनाश की अपेक्षा संशयग्रस्त विनाश अधिक अच्छा होता है।

154. परधनानि निक्षेप्तुः केवलं स्वार्थम्।

दूसरे की सम्पत्ति को धरोहर–रूप में रखने में केवल स्वार्थ होता है।

155. दानं धर्मः।

दान करना धर्म है।

156. नार्यागतोऽर्थवद् विपरीतोऽनर्थभावः।

कुछ पाने के लिए दिया गया दान कभी सफल नहीं होता।

157. यो धर्मार्थौ न विवर्धयति स कामः।

धर्म व अर्थ की हानि न करने वाला काम ही अपनाने योग्य होता है।

158. तद्विपरीतोऽनर्थसेवी।

धर्म व अर्थ का विरोधी काम करना अनर्थ को निमन्त्रण देना होता है।

159. ऋजुस्वभावपरो जनेषु दुर्लभः।

संसार में सरल स्वभाव के व्यक्ति का मिलना दुर्लभ है।

160. अवमानेनागतमैश्वर्यमवमन्यते साधुः।

सत्पुरुष अपमान द्वारा प्राप्त ऐश्वर्य को ठुकरा देते हैं।

161. बहूनपि गुणानेको दोषो ग्रसति।

एक ही दोष अनेक गुणों को ढक देता है।

162. महात्मना परेण साहसं न कर्तव्यम्।

श्रेष्ठ एवं धर्मात्मा शत्रु के साथ युद्ध नहीं करना चाहिए।

163. कदाचिदपि चरित्रं न लङ्घयेत्।

सदाचार का परित्याग कभी नहीं करना चाहिए।

164. क्षुधार्तो न तृणं चरति सिंहः।

भूखा होने पर भी सिंह कभी घास नहीं खाता।

165. प्राणादपि प्रत्ययो रक्षितव्यः।

प्राणों की आहुति देकर भी विश्वास की रक्षा करनी चाहिए।

166. पिशुनः श्रोता पुत्रदारैरपि त्यज्यते।

चुग़ुलखोर को तो उसके स्त्री व पुत्र भी छोड़ देते हैं।

167. बालादप्यर्थजातं शृणुयात्।

बालक द्वारा भी कही गयी सही बात ग्रहण कर लेनी चाहिए।

168. सत्यमप्यश्रद्धेयं न वदेत्।

अविश्वसनीय सत्य को अपनाने से कोई लाभ नहीं होता।

169. नाल्पदोषाद् बहुगुणास्त्यज्यन्ते।

थोड़े-से दोष के कारण अनेक गुणों की उपेक्षा करना उचित नहीं होता।

170. विपश्चित्स्वपि सुलभा दोषाः।

विद्वान् व्यक्ति में भी दोष मिल जाना असम्भव नहीं होता।

171. नास्ति रत्नमखण्डितम्।

कोई भी रत्न अनविद्ध नहीं होता।

172. मर्यादातीतं न कदाचिदपि विश्वसेत्।

किसी का भी विश्वास एक सीमा तक ही करना चाहिए।

173. अप्रिये कृतं प्रियमपि द्वेष्यं भवति।

शत्रु द्वारा किया गया हितकर कार्य भी अन्ततः अहितकर ही सिद्ध होता है।

174. नमन्त्यपि तुलाकोटिः कूपोदकक्षयं करोति।

घड़े के नीचे झुकने पर ही कुएं का पानी उलीचा जा सकता है।

175. सतां मतं नातिक्रमेत्।

श्रेष्ठ व्यक्तियों के चिन्तन की उपेक्षा नहीं करनी चाहिए।

176. गुणवदाश्रयान्निर्गुणोऽपि गुणी भवति।

गुणी व्यक्तियों का आश्रय लेने से गुणहीन व्यक्ति भी गुणवान् बन जाता है।

177. क्षीराश्रितं जलं क्षीरमेव भवति।

दूध में मिला जल भी दूध बन जाता है।

178. मृत्पिण्डोऽपि पाटलिगन्धमुत्पादयति।

पाटली के फूल के साथ रहने से मिट्टी के ढेले में भी उसकी गन्ध आ जाती है।

179. रजतं कनकसङ्गात् कनकं भवति।

सोने का साथ पाकर चांदी भी सोने के भाव बिकने लगती है।

180. उपकर्तर्यपकर्तुमिच्छत्यबुधः।

मूर्ख व्यक्ति अपने उपकारी का भी अपकार करन चाहता है।

181. न पापकर्मणामाक्रोशभयम्।

पापी व पापकर्मा को लोकनिन्दा का भी भय नहीं होता।

182. उत्साहवतां शत्रवोऽपि वशीभवन्ति।

उत्साही व्यक्ति के शत्रु भी उसके वश में हो जाते हैं।

183. विक्रमधना राजानः।

राजाओं का मुख्य धन उसका बल (विक्रम) होता है।

184. नास्त्यलसस्यैहिकामुष्मिकम्।

आलसी व्यक्ति को इस लोक में सुख और परलोक में सद्गति नहीं मिलती।

185. निरुत्सहाद् दैवं पतति।

निरुत्साही व्यक्ति का भाग्य भी उसका परित्याग कर देता है।

186. मत्यार्थीव जलमुपयुज्यार्थं गृह्णीयात्।

उपयोग में आने वाले धन के ग्रहण करने में उसी प्रकार सचेत, धैर्यवान् एवं सचेष्ट रहना चाहिए, जिस प्रकार मछुआरा मछली पकड़ने में सचेत रहता है।

187. अविश्वस्तेषु विश्वासो न कर्तव्यः।

अविश्वस्त पुरुष पर कभी विश्वास नहीं करना चाहिए।

188. विषं विषमेव सर्वकालम्।

विष सदा विष ही रहता है।

189. अर्थसमादाने वैरिणां सङ्ग एव न कर्तव्यः।

अर्थ-संग्रह के समय अपने शत्रु को कभी अपने साथ नहीं रखना चाहिए।

190. अर्थसिद्धौ वैरिणं न विश्वसेत्।

अर्थ-सिद्धि हो जाने पर भी शत्रु का विश्वास कभी नहीं करना चाहिए।

191. अर्थाधीन एव नियतसम्बन्धः।

सम्बन्धों की दृढ़ता अर्थ पर ही निर्भर रहती है।

192. शत्रोरपि सुतः सखा रक्षितव्यः।

शत्रु के पुत्र के साथ मैत्री-सम्बन्ध होने पर उसकी रक्षा करनी चाहिए।

193. यावच्छत्रोश्छिद्रं पश्यति तावद्धस्तेन वा स्कन्धेन वा बाह्यः।

शत्रु के छिद्र न पता चलने तक अपना हाथ उसके कन्धे पर रखे रहना चाहिए।

194. शत्रुं छिद्रे प्रहरेत्।

शत्रु की दुर्बलता का पता चलते ही उस पर प्रहार कर देना चाहिए।

195. आत्मच्छिद्रं न प्रकाशयेत्।

अपने छिद्रों (दोषों) को कभी दूसरों पर प्रकट नहीं करना चाहिए।

196. छिद्रप्रहारिणः शत्रवः।

अपने दोषों पर प्रहार करने वालों को अपना शत्रु ही समझना चाहिए।

197. हस्तगतमपि शत्रुं न विश्वसेत्।

अपने वश में आये शत्रु का भी विश्वास नहीं करना चाहिए।

198. स्वजनस्य दुर्वृत्तं निवारयेत्।

अपने लोगों द्वारा दुर्व्यवहार करने पर भी उन्हें प्रबोधित करना चाहिए।

199. स्वजनावमानोऽपि मनस्विनां दुःखमावहति।

अपने लोगों द्वारा किया गया अपमान भी श्रेष्ठ व्यक्तियों के लिए

दु:खदायी होता है।

200. एकाङ्गदोषः पुरुषमवसादयति।

एक साधारण दोष भी व्यक्ति के सर्वनाश का कारण बन जाता है।

201. शत्रुं जयति सुवृत्तता।

सद्व्यवहार से शत्रु को जीतना सम्भव हो जाता है।

202. निकृतिप्रिया नीचाः।

नीच व्यक्ति को अपमानित होने में ही आनन्द आता है।

203. नीचस्य मतिर्न दातव्या।

नीच व्यक्ति को सुमति देने पर उलटा ही परिणाम निकलता है।

204. तेषु विश्वासो न कर्तव्यः।

नीच व्यक्ति पर कभी विश्वास नहीं करना चाहिए।

205. सुपूजितोऽपि दुर्जनः पीडयत्येव।

दुर्जन को आदर देने पर भी वह दु:ख ही पहुंचाता है।

206. चन्दनादीनपि दावोऽग्निर्दहत्येव।

जिस प्रकार जंगल में लगी आग बबूल के साथ चन्दन को भी जला देती है, उसी प्रकार दुर्जन व्यक्ति दुर्जनों के साथ सज्ज्नों को भी पीड़ा ही देता है।

207. कदापि पुरुषं नावमन्येत।

किसी भी प्राणी का कभी तिरस्कार नहीं करना चाहिए।

208. क्षन्तव्यमिति पुरुषं न बाधेत।

क्षमा करने योग्य अपराधी को दण्डित न करते हुए उसे क्षमा कर देना चाहिए।

209. भर्त्राधिकं रहस्युक्तं वक्तुमिच्छन्त्यबुद्धयः।

मूर्ख व्यक्ति अपने स्वामी की एकान्त में कही गयी बात को बढ़ा-चढ़ाकर ही प्रस्तुत करता है।

210. अनुरागस्तु फलेन सूच्यते।

प्रेम का परिचय व्यवहार से ही मिलता है।

211. आज्ञाफलमैश्वर्यम्।

बुद्धि का फल ऐश्वर्य-लाभ होता है।

212. दातव्यमति बालिशः परिक्लेशेन दास्यति।

मूर्ख व्यक्ति देय वस्तु को देने में भी क्लेश का अनुभव करता है।

213. महदैश्वर्यं प्राप्याप्यधृतिमान् विनश्यति।

धैर्यहीन व्यक्ति ऐश्वर्य प्राप्त करके भी अपने विनाश को नहीं रोक पाता।

214. नास्त्यधृतेरैहिकामुष्मिकम्।

धैर्यहीन व्यक्ति अपने इहलौकिक व पारलौकिक सुखों के भोग से वञ्चित रह जाता है।

215. न दुर्जनैः सह संसर्गः कर्तव्यः।

दुर्जन का साथ कभी भूलकर भी नहीं करना चाहिए।

216. शौण्डहस्तगतं पयोऽप्यवमन्येत।

मदिरा बेचने वाले व्यक्ति के हाथ का दूध भी मदिरा ही समझा जाता है।

217. कार्यसङ्कटेष्वर्थव्यवसायिनी बुद्धिः।

आरम्भ किये गये कार्य में किसी संकट के उपस्थित होने पर उस संकट से छुटकारा दिलाने वाली बुद्धि ही सच्ची बुद्धि होती है।

218. मितभोजनं स्वास्थ्यम्।

थोड़ा भोजन करना स्वास्थ्य की सुरक्षा का उपाय है।

219. पथ्यमपथ्यं वाऽजीर्णे नाश्नीयात्।

अजीर्ण हो जाने पर कुछ भी सेवन नहीं करना चाहिए।

220. जीर्णभोजिनं व्याधिर्नोपसर्पति।

एक बार खाये भोजन का पाचन हो जाने पर ही दूसरी बार भोजन करने वाला व्यक्ति कभी किसी रोग का शिकार नहीं होता।

221. जीर्णशरीरे वर्धमानं व्याधिं नोपेक्षेत्।

वृद्ध शरीर में उत्पन्न हुए और बढ़ते हुए रोग की कभी उपेक्षा नहीं करनी चाहिए।

222. अजीर्णे भोजनं दुःखम्।

अजीर्णावस्था में भोजन करना रोगों को निमन्त्रण देना है।

223. शत्रोरपि विशिष्यते व्याधिः।

रोग शत्रु से अधिक कष्ट देने वाला होता है।

224. दानं निधानमनुगामि।

अपने सामर्थ्य के अनुसार ही दान करना चाहिए।

225. पटुतरे तृष्णापरे सुलभमतिसन्धानम्।

अधिक लोभी व्यक्ति को अपने वश में करना सरल होता है।

226. तृष्णया मतिश्छाद्यते।

तृष्णा बुद्धि के आगे आवरण लगा देती है।

227. कार्यबहुत्वे बहुफलमायतिकं कुर्यात्।

अनेक कार्यों के एक साथ उपस्थित होने पर भविष्य में अधिक फल देने वाले कार्य को पहले करना चाहिए।

228. स्वयमेवावस्कन्नं कार्यं निरीक्षेत।

राजा को आक्रमण आदि महत्त्वपूर्ण कार्यों का स्वयं निरीक्षण करना चाहिए।

229. मूर्खेषु साहसं नियतम्।

लड़ाई-झगड़ा करना मूर्खों की सामान्य विशेषता है।

230. मूर्खेषु विवादो न कर्तव्यः।

मूर्खों से विवाद करना निरर्थक है।

231. मूर्खेषु मूर्खवत्कथयेत्।

मूर्खों के साथ उनके जैसा ही व्यवहार करना चाहिए।

232. आयसैरायसं छेद्यम्।

लोहे को लोहे से ही काटा जाता है।

233. नास्त्यधीमतः सखा।

मूर्ख व्यक्ति का कोई मित्र नहीं होता।

234. धर्मेण धार्यते लोकः।

धर्म ने ही संसार को धारण कर रखा है।

235. प्रेतमपि धर्माधर्मावनुगच्छतः।

व्यक्ति के पाप और पुण्य दोनों उसके साथ जाते हैं।

236. दया धर्मस्य जन्मभूमिः।

दया धर्म की जन्मभूमि है।

237. धर्ममूले सत्यदाने।

सत्य और दान का मूल धर्म ही है।

238. धर्मेण जयति लोकान्।

धर्म के द्वारा व्यक्ति विश्व को जीत सकता है।

239. मृत्युरपि धर्मिष्ठं रक्षति।

मृत्यु भी धर्मात्मा व्यक्ति की रक्षा करती है।

240. धर्माद्विपरीतं पापं यत्र प्रसज्यते तत्र धर्मावमतिर्महती प्रसज्यते।

धर्म के विरुद्ध पाप के प्रसार का अर्थ धर्म का अपकार होता है।

241. उपस्थित विनाशानां प्रकृत्या कारणेन कार्येण लक्ष्यते।

स्वभाव, कार्य तथा कारण से आने वाले विनाश को जाना जा सकता है।

242. आत्मविनाशं सूचयत्यधर्मबुद्धिः।

बुद्धि की अधर्म में प्रवृत्ति ही अधर्मात्मा व्यक्ति के विनाश की सूचक है।

243. पिशुनवादिनो न रहस्यम्।

चुग़ुलखोर अपने चरित्र को छिपाकर नहीं रख सकता।

244. पररहस्यं नैव श्रोतव्यम्।

दूसरों का रहस्य जानने को उत्सुक नहीं होना चाहिए।

245. वल्लभस्य कारकत्वमधर्मयुक्तम्।

स्वामी का कठोर होना अनुचित एवं अधर्मयुक्त होता है।

246. स्वजनेष्वतिक्रमो न कर्तव्यः।

अपने बन्धु-बान्धवों की उपेक्षा नहीं करनी चाहिए।

247. माताऽपि दुष्टा त्याज्या।

माता के दुष्टा होने पर उसे त्याग देना चाहिए।

248. स्वहस्तोऽपि विषदिग्धश्छेद्यः।

विष में लिथड़ा अपना हाथ भी काट देने योग्य होता है।

249. परोऽपि च हितो बन्धुः।

हित करने वाला बाहरी व्यक्ति भी अपना मित्र होता है।

250. कक्षादप्यौषधं गृह्यते।

सूखे जंगल से ओषधि प्राप्त की जा सकती है।

251. नास्ति चौरेसु विश्वासः।

चोरों पर कभी विश्वास नहीं करना चाहिए।

252. अप्रतीकारेष्वनादरो न कर्तव्यः।

बधारहित काम को निबटाने में कभी उपेक्षा नहीं करनी चाहिए।

253. व्यसनं मनागपि बाधते।

व्यसन छोटा होने पर भी भयंकर रूप से कष्टदायक होता है।

254. अमरवदर्थजातमर्जयेत्।

अपने को अजर–अमर समझकर धन के उपार्जन में लग जाना चाहिए।

255. अर्थवान् सर्वलोकस्य बहुमतः।

धनी व्यक्ति सभी के आदर का पात्र बन जाता है।

256. महेन्द्रमप्यर्थहीनं न बहुमन्यते लोकः।

इन्द्र भी निर्धन होने पर लोगों की उपेक्षा का पात्र बन जायेगा।

257. दारिद्र्यं खलु पुरुषस्य जीवितं मरणम्।

व्यक्ति की दरिद्रता का अर्थ उसका जीवित रहते हुए भी उसकी मृत्यु है।

258. विरूपोऽर्थवान् सुरूपः।

कुरूप होने पर भी धनी व्यक्ति को सुन्दर माना जाता है।

259. अदातारमप्यर्थवन्तमर्थिनो न त्यजन्ति।

याचक न देने वाले धनवान् व्यक्ति को भी नहीं छोड़ते, आशा लगाये हुए उसे घेरे ही रहते हैं।

260. अकुलीनोऽपि धनी कुलीनाद्विशिष्टः।

निम्न कुल में उत्पन्न धनवान् व्यक्ति को निर्धन से उत्कृष्ट समझा जाता

है।

261. नास्त्यवमानभयमनार्यस्य।

नीच व्यक्ति को अपने अपमान की चिन्ता नहीं होती।

262. न चेतनवतां वृत्तिभयम्।

चतुर व्यक्ति को अपनी आजीविका की चिन्ता नहीं रहती।

263. न जितेन्द्रियाणां विषयभयम्।

जितेन्द्रिय व्यक्ति को विषयों का भय व्याकुल नहीं करता।

264. न कृतार्थानां मरणभयम्।

ज्ञानी व्यक्ति को मृत्यु का भय नहीं सताता।

265. कस्यचिदर्थं स्वमिव मन्यते साधुः।

सज्जन दूसरे के कार्य को भी अपना कार्य ही समझते हैं।

266. परविभवेष्वादरो न कर्तव्यः।

दूसरों के वैभव को पाने की इच्छा नहीं करनी चाहिए।

267. परविभेष्वादरोऽपि नाशमूलम्।

दूसरे के वैभव को पाने की इच्छा पापमूलक होने से विनाश का कारण बन जाती है।

268. पलालमपि पर द्रव्यं न हर्तव्यम्।

दूसरों के थोड़े से द्रव्य का भी अपहरण नहीं करना चाहिए।

269. परद्रव्यापहरणमात्मद्रव्यनाशहेतुः।

दूसरों के द्रव्य का अपहरण करने से अपने धन की हानि होती है।

270. न चौर्यात्परं मृत्युपाशः।

चोरी से बड़ा अन्य कोई कष्टकारक बन्धन नहीं होता।

271. यवागूरपि प्राणधारणं करोति काले।

उचित समय पर दी गयी साधारण ओषधि भी प्राणरक्षक होती है।

272. न मृतस्यौषधं प्रयोजनम्।

मृतक के लिए ओषधि का कोई प्रयोजन नहीं होता।

273. समकाले स्वयमपि प्रभुत्वस्य प्रयोजनं भवति।

संकट के समय ही ऐश्वर्य के महत्त्व का पता चलता है।

274. नीचस्य विद्याः पापकर्मणि योजयन्ति।

नीच व्यक्ति के गुण और विद्या उसे पापकर्म की ओर ही ले जाते हैं।

275. पयः पानमपि विषवर्धनं भुजङ्गस्य नामृतं स्यात्।

सांप को दूध पिलाने से उसका विष ही बढ़ता है, वह दूध कभी अमृत नहीं हो जाता।

276. न हि धान्यसमो ह्यर्थः।

अन्न से बड़ा कोई धन नहीं होता।

277. न क्षुधासमः शत्रुः।

भूख से बड़ा कोई शत्रु नहीं होता।

278. अकृतेर्नियता क्षुत्।

निठल्ले व्यक्ति को कभी-न-कभी भूख का सामना करना ही पड़ता है।

279. नास्त्यभक्ष्यं क्षुधितस्य।

भूखे व्यक्ति के लिए कुछ भी अभक्ष्य नहीं होता।

280. इन्द्रियाणि जरावशं कुर्वन्ति।

वृद्धावस्था में मनुष्य की इन्द्रियां उसे अपने वश में कर लेती हैं।

281. सानुक्रोशं भर्तारमाजीवेत्।

कृपालु मालिक की सेवा द्वारा जीविकोपार्जन को अपना सौभाग्य समझना चाहिए।

282. लुब्धसेवी पावकेच्छया खद्योतं धमति।

कंजूस स्वामी से आजीविका पाने की इच्छा जुगनू से प्रकाश पाने के समान निरर्थक है।

283. विशेषज्ञं स्वामिनमाश्रयेत्।

सदा विशेषज्ञ स्वामी का ही आश्रय लेना चाहिए।

284. पुरुषस्य मैथुनं जरा।

मैथुन से पुरुष वृद्ध हो जाता है।

285. स्त्रीणाममैथुनं जरा।

मैथुन न करने से स्त्री वृद्ध हो जाती है।

286. न नीचोत्तमयोर्वैवाहः।

नीच व उत्तम कुल वालों में विवाह सम्बन्ध न शोभा देता है और न सफल ही होता है।

287. अगम्यागमनादायुर्यशः पुण्यानि क्षीयन्ते।

अगम्या स्त्रियों के साथ सम्भोग करने से आयु, यश व पुण्य नष्ट हो जाते हैं।

288. नास्त्यहंकारसमः शत्रुः।

अहंकार से बड़ा मनुष्य का दूसरा कोई शत्रु नहीं।

289. संसदि शत्रुं न परिक्रोशेत्।

सभा-समिति में शत्रु की निन्दा नहीं करनी चाहिए।

290. शत्रुव्यसनं श्रवणसुखम्।

शत्रु के संकट को सुनकर व्यक्ति को सुख मिलता है।

291. अधनस्य बुर्द्धिन विद्यते।

निर्धन व्यक्ति को बुद्धिहीन माना जाता है।

292. हितमप्यधनस्य वाक्यं न गृह्यते।

निर्धन व्यक्ति द्वारा कही गयी उपयोगी व हितकर बात भी लोगों द्वारा ग्रहण नहीं की जाती।

293. अधनः स्वभार्ययाऽप्यवमन्यते।

निर्धन व्यक्ति की पत्नी भी उसका सम्मान नहीं करती।

294. पुष्पहीनं सहकारमपि नोपासते भ्रमराः।

जिस प्रकार पुष्परहित आम के पास भंवरे नहीं जाते, उसी प्रकार निर्धन व्यक्ति की ओर कोई ध्यान नहीं देता।

295. विद्याधनमधनानाम्।

निर्धन व्यक्ति का सर्वोत्तम धन विद्या ही है।

296. विद्या चौरैरपि न ग्राह्या।

विद्यारूपी धन को चोर नहीं चुरा सकते।

297. विद्यया ख्यापिता ख्यातिः।

विद्या से व्यक्ति के यश का प्रसार होता है।

298. यशः शरीरं न विनश्यति।

यशरूपी शरीर का कभी विनाश नहीं होता।

299. यः परार्थमुपसर्पति स सत्पुरुषः।

परोपकार के लिए आगे आने वाला व्यक्ति ही सत्पुरुष कहलाता है।

300. इन्द्रियाणां प्रशमं शास्त्रम्।

शास्त्रों के अध्ययन से इन्द्रियां वश में रहती हैं।

301. अशास्त्रकार्यवृत्तौ शास्त्रांकुशं निवारयति।

अनुचित कार्यों में प्रवृत्त व्यक्ति को संयमी बनाने के लिए शास्त्र अंकुश का काम करते हैं।

302. नीचस्य विद्या नोपेतव्या।

नीच होने के कारण किसी व्यक्ति की विद्या की उपेक्षा नहीं करनी चाहिए।

303. म्लेच्छभाषणं न शिक्षेत्।

म्लेच्छ भाषा का प्रयोग नहीं करना चाहिए।

304. म्लेच्छानामपि सुवृत्तं ग्राह्यम्।

म्लेच्छ व्यक्ति द्वारा कही गयी हितकर व उपयोगी बातों को आदरपूर्वक ग्रहण कर लेना चाहिए।

305. गुणे न मत्सरः कर्तव्यः।

किसी के गुणों से ईर्ष्या नहीं करनी चाहिए।

306. शत्रोरपि सुगुणो ग्राह्याः।

शत्रु के भी गुणों को ग्रहण कर लेना चाहिए।

307. विषादप्यमृतं ग्राह्यम्।

यदि विष से भी अमृत मिल सके, तो उसे ग्रहण कर लेना चाहिए।

308. अवस्थया पुरुषः सम्मान्यते।

व्यक्ति को उसकी अवस्था के अनुसार ही सम्मान मिलता है।

309. स्थान एव नराः पूज्यन्ते।

अपने स्थान पर स्थिर रहने पर ही व्यक्ति को आदर प्राप्त होता है।

310. आर्यवृत्तमनुतिष्ठेत्।

मनुष्य को सदा श्रेष्ठ व्यक्तियों का ही अनुसरण करना चाहिए।

311. कदापि मर्यादां नातिक्रमेत्।

मर्यादा का अतिक्रमण कभी नहीं करना चाहिए।

312. नास्त्यर्घः पुरुषरत्नस्य।

श्रेष्ठ व्यक्ति का कोई मूल्य नहीं होता।

313. न स्त्रीरत्नसमं रत्नम्।

स्त्रीरत्न के समान कोई रत्न नहीं होता।

314. सुदुर्लभं रत्नम्।

रत्न बड़ी कठिनाई से मिलता है।

315. अयशोभयं भयेषु।

भयों में सबसे बड़ा भय अपयश का होता है।

316. नास्त्यलसस्य शास्त्रागमः।

आलसी व्यक्ति शास्त्रों का ज्ञान प्राप्त नहीं कर सकता।

317. न स्त्रैणस्यस्वर्गाप्तिर्धर्मकृत्यं च।

स्त्रियों में आसक्त व्यक्ति न धर्मकार्य कर पाता है और न स्वर्ग-लाभ कर पाता है।

318. स्त्रियोऽपि स्त्रैणमवमन्यते।

कामासक्त पुरुष का तो स्त्रियां भी अपमान करने लगती हैं।

319. न पुरुषार्थी सिञ्चति शुष्कतरुम्।

फल-फूल की इच्छा करने वाले कभी सूखे वृक्ष को नहीं सींचते।

320. अद्रव्यप्रयत्नो बालुकाक्वथनादनन्यः।

बिना धन के किसी कार्य को सम्पन्न करना बालू में से तेल निकालने के समान होता है।

321. न महाजनहासः कर्तव्यः।

महापुरुषों का कभी उपहास नहीं करना चाहिए।

322. कार्यसम्पदं निमित्तानि सूचयन्ति।

कार्य को सम्पन्न करते समय ही उसके सिद्ध-असिद्ध होने का संकेत मिलने लगता है।

323. नक्षत्रादपि निमित्तानि विशेषयन्ति।

नक्षत्रों से भी कार्य में सिद्धि–असिद्धि की पूर्वसूचना प्राप्त हो जाती है।

324. न त्वरितस्य नक्षत्रपरीक्षा।

शीघ्र सफलता का इच्छुक व्यक्ति नक्षत्र गणना से अपने भाग्य की परीक्षा को महत्त्वपूर्ण नहीं मानता।

325. परिचये दोषा न छाद्यन्ते।

परिचय होने पर व्यक्ति के गुण–दोष उजागर हो जाते हैं, छिपे नहीं रहते।

326. स्वयमशुद्धः परानाशङ्कते।

अशुद्ध विचारों वाला व्यक्ति ही दूसरों की शुद्धता पर सन्देह करता है।

327. स्वभावो दुरतिक्रमः।

व्यक्ति के स्वभाव को बदलना असम्भव होता है।

328. अपराधानुरूपी दण्डः।

अपराध के अनुरूप ही दण्ड देना चाहिए।

329. कथानुरूपं प्रतिवचनम्।

प्रश्न के अनुरूप ही उत्तर देना चाहिए।

330. विभवानुरूपमाभरणम्।

वैभव के अनुरूप ही आभूषण धारण करने चाहिए।

331. कुलानुरूपं वृत्तम्।

कुल की मर्यादा के अनुसार ही आचरण करना चाहिए।

332. कार्यानुरूपः प्रयत्नः।

कार्य के अनुरूप ही प्रयत्न करना चाहिए।

333. पात्रानुरूपं दानम्।

पात्र की योग्यता के अनुसार ही उसे दान देना चाहिए।

334. वयोऽनुरूपो वेषः।

अपनी आयु के अनुसार ही वेश धारण करना चाहिए।

335. स्वाम्यनुकूलो भृत्यः।

नौकर को स्वामी की रुचि के अनुसार ही काम करना चाहिए।

336. भर्तृवशवर्तिनी भार्या।

पति के अधीन रहने वाली स्त्री ही भार्या कहलाती है।

337. गुरुवशानुवर्ती शिष्यः।

गुरु के अधीन रहने वाला शिष्य ही शिष्य कहलाता है।

338. पितृवशानुवर्ती पुत्रः।

पिता की आज्ञा मानने वाला ही पुत्र कहलाता है।

339. अत्युपचारः शङ्कितव्यः।

अधिक आदर–सम्मान से स्वार्थ की आशंका होने लगती है।

340. स्वामिनमेवानुवर्तेत।

स्वामी की आज्ञा का निश्छल भाव से पालन करने वाला ही सच्चा सेवक कहलाता है।

341. मातृताडितो वत्सो मातरमेवानुरोदिति।

माता द्वारा पिटकर भी बालक माता के आगे ही रोता है।

342. स्नेहवतः स्वल्पो हि रोषः।

स्नेह करने वाले का क्रोध क्षणिक होता है।

343. आत्मच्छिद्रं न पश्यति परच्छिद्रमेव पश्यति बालिशः।

मूर्ख व्यक्ति अपने दोषों को न देखकर दूसरों के दोष देखता रहता है।

344. सोपचारः कैतवः।

उपचार के साथ ही छल भी बना रहता है।

345. काम्यैर्विशेषैरुपचरणमुपचारः।

प्रयोजन–विशेष की सिद्धि के लिए की जाने वाली सेवा भी उपचार ही कहलाती है।

346. चिरपरिचितानामत्युपचारः शङ्कितव्यः।

परिचित व्यक्ति द्वारा अत्यधिक आदर–सम्मान संशय में डालने वाला होता है।

347. गौर्दुष्करा श्वसहस्त्रादेकाकिनी श्रेयसी।

सौ उत्कृष्ट कुत्तों की अपेक्षा एक गाय का महत्त्व कहीं अधिक है।

348. श्वो मयूरादद्य कपोतो वरः।

कल प्राप्त होने वाले मोर की अपेक्षा आज हाथ में आया हुआ कबूतर कहीं अच्छा है।

349. अतिसङ्गो दोषमुत्पादयति।

अधिक समय तक साथ–साथ रहने से मनमुटाव की आशंका हो जाती है।

350. सर्वं जयत्यक्रोधः।

क्रोध न करने वाले की सर्वत्र विजय होती है।

351. यद्यपकारिणि कोपः कोपे कोप एव कर्तव्यः।

अपकारी व्यक्ति पर भी क्रोध करने से पहले सोच लेना चाहिए कि मैं संयम क्यों नहीं रख सका।

352. मतिमत्सु मूर्खमित्रगुरुवल्लभेषु विवादो न कर्तव्यः।

मूर्खों, मित्रों, गुरुजनों व प्रिय व्यक्तियों के साथ विवाद न करने में ही बुद्धिमानी है।

353. नास्त्यपिशाचमैश्वर्यम्।

ऐसा कोई ऐश्वर्य नहीं, जिसमें पतन की सम्भावना न छिपी हो।

354. नास्ति धनवतां शुभकर्मसु श्रमः।

धनी व्यक्तियों का यह सौभाग्य है कि उन्हें शुभकार्य करने में श्रम नहीं करना पड़ता।

355. नास्ति गतिश्रमो यानवताम्।

वाहन पर सवार व्यक्ति को थकावट नहीं होती।

356. अलौहमयं निगडं कलत्रम्।

स्त्री कोमल होते हुए भी लोहे की बेड़ी होती है।

357. यो यस्मिन् कुशलः स तस्मिन् योक्तव्यः।

कलाकुशल व्यक्ति को उसके उपयुक्त कार्य ही सौंपना चाहिए।

358. दुष्कलत्रं मनस्विनां शरीरकर्शनम्।

सम्भोगप्रिय स्त्री मनस्वी पुरुष के शरीर को भी क्षीण कर देती है।

359. अप्रमत्तो दारान्निरीक्षेत।

प्रमाद को छोड़कर स्त्रियों का सदा ही निरीक्षण करते रहना चाहिए।

360. स्त्रीषु किञ्चिदपि न विश्वसेत्।

स्त्रियों पर थोड़ा–सा भी विश्वास नहीं करना चाहिए।

361. न समाधिः स्त्रीषु लोकज्ञता च।

स्त्रियों में न विवेक होता है और न उन्हें लोकव्यवहार का ज्ञान होता है।

362. गुरूणां माता गरीयसी।

आदरणीय व्यक्तियों में माता का स्थान सर्वोपरि है।

363. सर्वावस्थासु माता भर्तव्या।

प्रत्येक स्थिति में माता का भरण–पोषण करना ही चाहिए।

364. वैदुष्यमलङ्कारेणाच्छाद्यते।

अपने को सजाने–धजाने से व्यक्ति की विद्वत्ता ढक जाती है।

365. स्त्रीणां भूषणं लज्जा।

स्त्रियों का सर्वोत्तम आभूषण लज्जा है।

366. विप्राणां भूषणं वेदः।

ब्राह्मणों का सर्वोत्तम आभूषण वेदों का ज्ञान है।

367. सर्वेषां भूषणं धर्मः।

सब प्राणियों का सर्वोत्तम आभूषण धर्म है।

368. भूषणानां भूषणं सविनया विद्या।

विद्या तथा विनयशीलता सब आभूषणों का आभूषण है।

369. अनुपद्रवं देशमावसेत्।

उपद्रवों से मुक्त देश ही निवास के योग्य होता है।

370. साधुजनबहुलो देशः।

सज्जनों द्वारा बसाया गया स्थान ही रहने के योग्य होता है।

371. राज्ञो भेदव्यं सार्वकालम्।

राजा से सदा भयभीत रहना चाहिए।

372. न राज्ञः परं दैवतम्।

राजा से बड़ा कोई देवता नहीं होता।

373. सुदूरमपि दहति राजवह्निः।

राजा का क्रोध दूर रहने वाले को भी नष्ट कर देता है।

374. रिक्तहस्तो न राजानमभिगच्छेत्।

राजा के पास कभी ख़ाली हाथ नहीं जाना चाहिए।

375. गुरुं च दैवं च।

इसी प्रकार गुरु व देवता के पास भी ख़ाली हाथ नहीं जाना चाहिए।

376. कुटुम्बिनो भेतव्यम्।

बड़े परिवार वाले व्यक्ति से सदा डरते रहना चाहिए।

377. गन्तव्यं च सदा राजकुलम्।

राजपरिवार में जाने के अवसर को कभी गंवाना नहीं चाहिए।

378. राजपुरुषैः सम्बन्धं कुर्यात्।

राजपुरुषों से यथासम्भव सम्बन्ध बनाये रखना चाहिए।

379. राजदासी न सेवितव्याः।

राजपरिवार की सेविकाओं से कोई सम्बन्ध नहीं बनाना चाहिए।

380. न चक्षुषाऽपि राजानं निरीक्षेत्।

राजा की ओर कभी आंख उठाकर नहीं देखना चाहिए।

381. पुत्रे गुणवति कुटुम्बिनः स्वर्गः।

पुत्र के गुणवान् होने पर परिवार स्वर्गतुल्य बन जाता है।

382. पुत्रा विद्यानां पारं गमयितव्याः।

पुत्र को सभी विद्याओं में पारंगत बनाना चाहिए।

383. जनपदार्थं ग्रामं त्यजेत्।

जनपद के हित के लिए गांव को छोड़ देना चाहिए।

384. ग्रामार्थं कुटुम्बस्त्यज्यते।

गांव के हित के लिए कुटुम्ब को त्याग देना चाहिए।

385. अतिलाभः पुत्रलाभः।

पुत्र-लाभ बहुत बड़ा लाभ होता है।

386. दुर्गतेः पितरौ रक्षति स पुत्रः।

माता-पिता को दुर्गति से बचाने वाला ही 'पुत्र' कहलाता है।

387. कुलं प्रख्यापयति पुत्रः।

पुत्र ही अपने वंश को उजागर करता है।

388. नानपत्यस्य स्वर्गः।

पुत्रहीन व्यक्ति को स्वर्ग की प्राप्ति नहीं होती।

389. या प्रसूते सा भार्या।

सन्तान उत्पन्न करने वाली स्त्री ही भार्या कहलाती है।

390. तीर्थसमवाये पुत्रवतीमनुगच्छेत्।

अनेक स्त्रियों के एक साथ मासिक धर्म से निवृत्त होने पर पहले पुत्रवती बनी पत्नी के साथ ही सर्वप्रथम सम्भोग करना चाहिए।

391. सतीर्थागमनाद् ब्रह्मचर्यं नश्यति।

रजस्वला स्त्री के साथ सम्भोग करने से व्यक्ति का तेज नष्ट हो जा है।

392. न पर क्षेत्रे बीजं विनिक्षिपेत्।

परायी स्त्री के साथ सम्भोग नहीं करना चाहिए।

393. पुत्रार्था हि स्त्रियः।

स्त्रियां पुत्र-प्राप्ति के लिए ही होती हैं।

394. स्वदासीपरिग्रहो हि दासभावः।

अपनी दासी के साथ सम्भोग करके उसे गर्भवती बनाने का अ अपने को दास बना लेना है।

395. उपस्थित विनाशः पथ्यवाक्यं न शृणोति।

निश्चित विनाश वाला व्यक्ति अपने हित की बात नहीं सुनता।

396. नास्ति देहिनां सुखदुःखाभावः।

सुख और दुःख—दोनों ही देहधारी के नित्य धर्म हैं।

397. मातरमिव वत्साः सुखदुःखानि कर्तारमेवानुगच्छन्ति।

जिस प्रकार बछड़ा अपनी मां को ढूंढ़ लेता है, उसी प्रकार सुख-दुःख भी शुभ-अशुभ कर्मों के कर्ता को ढूंढ़ निकालते हैं।

398. तिलमात्रमप्युपकारं शैलवन्मन्यते साधुः।

दूसरे के तिल मात्र उपकार को भी सत्पुरुष पर्वत के समान महत्त्वपूर्ण मानते हैं।

399. उपकारोऽनार्येष्वकर्तव्यः।

दुष्ट व्यक्ति का उपकार करना व्यर्थ है।

400. प्रत्युपकारभयादनार्थः शत्रुर्भवति।

उपकार का बदला चुकाने के भय से दुष्ट व्यक्ति शत्रु बन जाता है।

401. स्वल्पमप्युपकारकृते प्रत्युपकारं कर्तुमार्यो न स्वपिति।

सज्ञन व्यक्ति थोड़े से उपकार का भी बदला चुकाने को सदा तत्पर रहते हैं।

402. कदाऽपि देवताऽपि देवताऽवमन्तव्या।

देवों का कभी अनादर नहीं करना चाहिए।

403. न चक्षुषः समं ज्योतिरस्ति।

नेत्रों के समान दूसरी कोई ज्योति नहीं।

404. चक्षुर्हिशरीरिणां नेता।

चक्षु शरीर का सबसे महत्त्वपूर्ण अंग है।

405. अपचक्षुषः किं शरीरेण।

नेत्रहीन व्यक्ति के लिए शरीर धारण करना ही व्यर्थ है।

406. नाप्सु मूत्रं कुर्यात्।

जल में कभी मूत्र-विसर्जन नहीं करना चाहिए।

407. न नग्नो जलं प्रविशेत्।

नग्न होकर जल में प्रवेश नहीं करना चाहिए।

408. यथा शरीरं तथा ज्ञानम्।

व्यक्ति का जैसा शरीर होता है, वैसा ही उसका ज्ञान भी होता है।

409. यथाबुद्धिस्तथा विभवः।

बुद्धि के समान ही व्यक्ति वैभव भी प्राप्त करता है।

410. अग्नावग्निं न निक्षिपेत्।

आग में आग नहीं डालनी चाहिए।

411. तपस्विनः पूजनीयाः।

तपस्वियों की सदा पूजा करनी चाहिए।

412. परदारान्न गच्छेत्।

परस्त्रीगमन नहीं करना चाहिए।

413. अन्नदानं भ्रूणहत्यामपि मार्ष्टि।

अन्न का दान करने से भ्रूण हत्या तक का पाप नष्ट हो जाता है।

414. न वेदबाह्यो धर्मः।

वेदसम्मत धर्म ही सच्चा धर्म है।

415. कदाचिदपि धर्मं निषेवेत्।

धर्म का आचरण अवश्य करना चाहिए।

416. स्वर्गं नयति सूनृतम्।

सत्य एवं मधुर वाणी स्वर्ग की सीढ़ी है।

417. नास्ति सत्यात् परं तपः।

सत्य से बड़ा कोई तप नहीं।

418. सत्यं स्वर्गस्य साधनम्।

सत्य ही स्वर्ग–प्राप्ति का साधन है।

419. सत्येन धार्यते लोकः।

सत्य ने ही संसार को धारण किया हुआ है।

420. सत्याद् देवो वर्षति।

सत्य के बल पर ही इन्द्र वर्षा करता है।

421. नानृतात् पातकं परम्।

असत्यभाषण से बड़ा अन्य कोई पाप नहीं।

422. न मीमांस्या गुरवः।

अपने गुरुजनों की आलोचना कभी नहीं करनी चाहिए।

423. खलत्वं नोपेयात्।

दुष्टता के सम्मुख झुकना नहीं चाहिए।

424. नास्ति खलस्य मित्रम्।

दुष्ट व्यक्ति का कोई मित्र नहीं होता।

425. लोकयात्रा दरिद्रं बाधते।

दरिद्र व्यक्ति के लिए जीवन–निर्वाह बहुत बड़ी बाधा होती है।

426. अतिशूरो दानशूरः।

दानवीर ही सबसे बड़ा वीर है।

427. गुरुदेवब्राह्मणेषु भक्तिर्भूषणम्।

गुरु, देवता तथा ब्राह्मण में भक्ति रखना मानवता का आभूषण है।

428. सर्वस्य भूषणं विनयः।

विनय सबसे बड़ा आभूषण है।

429. अनुलीनोऽपि विनीतः कुलीनाद् विशिष्टः।

कुलीन न होने पर भी विनीत व्यक्ति अविनीत कुलीन व्यक्ति से श्रेष्ठ है।

430. आचारादायुर्वर्धते कीर्तिश्च।

सदाचार से आयु व यश में वृद्धि होती है।

431. प्रियमप्यहितं न वक्तव्यम्।

प्रिय, परन्तु अहितकर बात कभी नहीं कहनी चाहिए।

432. बहुजनविरुद्धमेकं नानुवर्तेत।

अनेक लोगों के विरोधी एक व्यक्ति की बात उचित लगने पर भी उसका अनुगमन नहीं करना चाहिए।

433. न दुर्जनेषु भागधेयः कर्तव्यः।

अपना भाग्य दुर्जनों के साथ नहीं जोड़ना चाहिए।

434. न कृतार्थेषु नीचेषु सम्बन्धः।

सफल दिखाई देने वाले नीच व्यक्ति के साथ कभी सम्बन्ध नहीं जोड़ना चाहिए।

435. ऋणशत्रुव्याधिष्वशेषः कर्तव्यः।

इन तीनों—ऋण, शत्रु और रोग—को जड़ से उखाड़ फेंकना चाहिए।

436. भूत्यरानुवर्तनं पुरुषस्य रसायनम्।

मनुष्य को सदा हितकर मार्ग पर ही चलना चाहिए।

437. नार्थिष्ववज्ञा कार्या।

याचकों से घृणा नहीं करनी चाहिए।

438. दुष्करं कर्म कारयित्वा कर्तारमवमन्यते नीचः।

नीच व्यक्ति स्वयं ही दुष्कर्म करता है और उसके लिए विधाता को दोषी ठहराता है।

439. नाकृतज्ञस्य नरकान्निवर्तनम्।

कृतघ्न व्यक्ति के लिए नरक के अतिरिक्त कोई दण्ड नहीं।

440. जिह्वायत्तौ वृद्धिविनाशौ।

उन्नति अपनी वाणी पर ही निर्भर करती है।

441. विषामृतयोराकरी जिह्वा।

वाणी विष और अमृत का कोष है।

442. प्रियवादिनो न शत्रुः।

प्रियवादी का संसार में कोई भी शत्रु नहीं होता।

443. स्तुता अपि देवतास्तुष्यन्ति।

स्तुति से तो देवता भी प्रसन्न हो जाते हैं।

444. अनृतमपि दुर्वचनं चिरं तिष्ठति।

असत्य व दुष्ट वचन की स्मृति चिरकाल तक बनी रहती है।

445. राजद्विष्टं न च वक्तव्यम्।

राजा के विरुद्ध कभी नहीं बोलना चाहिए।

446. श्रुतिसुखात्कोकिलालापात् तुष्यन्ति।

काले रंग की होने पर भी कोयल की वाणी सबके मन को मुग्ध करती है।

447. स्वधर्महेतुः सत्पुरुषः।

अपने धर्म पर स्थिर रहने के कारण ही सज्जनों को श्रेष्ठ कहा जाता है।

448. नास्त्यर्थिनो गौरवम्।

याचक का कोई आदर नहीं होता।

449. स्त्रीणां भूषणं सौभाग्यम्।

पति का जीवित होना ही स्त्री का सच्चा आभूषण है।

450. शत्रोरपि न पातनीया वृत्तिः।

आजीविका तो शत्रु की भी नष्ट नहीं करनी चाहिए।

451. अप्रयत्नोदकं क्षेत्रम्।

बिना प्रयास के जल के सुलभ होने वाला स्थान ही बीज बोने के योग्य होता है।

452. एरण्डमवलम्ब्य कुञ्जरं न कोपयेत्।

एरण्ड वृक्ष के बल पर हाथी को वश में करने की सोचना वैसी ही मूर्खता है, जैसे साधन के कम होने पर किसी बड़े व्यक्ति से बिगाड़ कर लेना।

453. अतिप्रवृद्धा शाल्मली वारणस्तम्भो न भवति।

सेमल का वृक्ष कितना ही बड़ा क्यों न हो जाये, उससे हाथी को नहीं बांधा जा सकता।

454. अतिदीर्घोऽपि कर्णिकारो न मुसली।

कनेर का वृक्ष कितना ही बड़ा क्यों न हो जाये, परन्तु उसकी लकड़ी से मूसल नहीं बनाया जा सकता।

455. अतिदीप्तोऽपि खद्योतो न पावकः।

जुगनू के बहुत बड़ा हो जाने पर भी उससे आग का काम नहीं लिया जा सकता।

456. न प्रवृद्धत्वं गुणहेतुः।

समृद्ध हो जाने से कोई गुणी नहीं हो जाता।

457. सुजीर्णोऽपि पिचुमन्दो न शङ्कुलायते।

नीम के वृक्ष के पुराना हो जाने पर उसकी लकड़ी का सरौता (सुपारी काटने की कैंची) नहीं बनाया जा सकता।

458. यथा बीजं तथा निष्पत्तिः।

बीज की गुणवत्ता के अनुरूप ही फल उपजता है।

459. यथाश्रुतं तथा बुद्धिः।

मनुष्य जैसा सुनता है, उसकी बुद्धि वैसी ही हो जाती है।

460. यथाकुलं तथाऽऽचारः।

व्यक्ति का आचार उसके कुल के अनुरूप ही होता है।

461. संस्कृत पिचुमन्दः सहकारो न भवति।

संस्कार करने से भी नीम के वृक्ष को आम का वृक्ष नहीं बनाया जा सकता।

462. न चागतं सुखं त्यजेत्।

प्राप्त सुख का भी परित्याग नहीं करना चाहिए।

463. स्वयमेव दुःखमधिगच्छति।

मनुष्य के कर्मानुसार ही उसे दुःख मिलते हैं।

464. रात्रिचारणं न कुर्यात्।

रात के अंधेरे में घूमना नहीं चाहिए।

465. न चार्धरात्रं स्वपेत्।

आधी रात तक जागना नहीं चाहिए।

466. तद्विद्वद्भिः परीक्षेत्।

विद्वान् व्यक्तियों के साथ तत्त्व-चर्चा करनी चाहिए।

467. परगृहमकारणतो न प्रविशेत्।

बिना प्रयोजन दूसरे के घर नहीं जाना चाहिए।

468. ज्ञात्वाऽपि दोषमेव करोति लोकः।

लोग जान-बूझकर ग़लत काम करते हैं।

469. शास्त्रप्रधाना लोकवृत्तिः।

लोकव्यवहार शास्त्र के निर्देशानुसार ही होना चाहिए।

470. शास्त्राभावे शिष्टाचारमनुगच्छेत्।

शास्त्र का निर्देश न मिलने पर श्रेष्ठ व्यक्तियों के आचरण को आदर्श मानकर उसका ही अनुसरण करना चाहिए।

471. नाचरिताच्छास्त्रं गरीयः।

सदाचार के पालन से उत्तम शास्त्र का कोई निर्देश नहीं।

472. दूरस्थमपि चारचक्षुः पश्यति राजा।

राजा अपने गुप्तचररूपी नेत्रों से दूर की घटना को भी प्रत्यक्ष के समान देख लेता है।

473. गतानुगतिको लोकः।

संसार के प्राणी लकीर के फ़कीर होते हैं।

474. यमनुजीवेत् तं नापवदेत्।

जीविका के साधन की कभी निन्दा नहीं करनी चाहिए।

475. तपः सार इन्द्रियनिग्रहः।

तप का सार इन्द्रियजय है।

476. दुर्लभः स्त्रीबन्धनान्मोक्षः।

स्त्री के बन्धन से मुक्त हो पाना बहुत कठिन है।

477. स्त्री नाम सर्वाशुभानां क्षेत्रम्।

सभी अशुभ कर्मों की जननी स्त्री ही है।

478. न च स्त्रीणां पुरुषपरीक्षा।

स्त्रियों की परीक्षा लेने में पुरुष कभी सफल नहीं हो सकता।

479. स्त्रीणां मनः क्षणिकम्।

स्त्री का मन क्षण-प्रतिक्षण बदलता रहता है।

480. अशुभद्वेषिणः स्त्रीषु न प्रसक्ताः।

अशुभ कार्यों से बचे रहने के प्रति सचेष्ट व्यक्ति ही अपने को उनकी आसक्ति से रोक पाते हैं।

481. यज्ञफलज्ञास्त्रिवेदविदः।

तीनों वेदों का ज्ञाता ही यज्ञ के फल की महत्ता को समझ सकता है।

482. स्वर्गस्थानं न शाश्वतं यावत् पुण्यफलम्।

स्वर्ग की प्राप्ति स्थायी उपलब्धि नहीं है, पुण्यों के क्षीण हो जाने पर पुनः पृथ्वीलोक में जन्म लेना पड़ता है।

483. न च स्वर्ग पतनात् परं दुःखम्।

स्वर्ग-पतन से बड़ा कोई दुःख नहीं है।

484. देही देहं त्यक्त्वा ऐन्द्रं पदं न वाञ्छति।

व्यक्ति शरीर त्यागने के बदले इन्द्रासन को भी ठुकरा देता है।

485. दुःखानामौषधं निर्वाणम्।

मोक्ष ही सभी दुःखों से निवृत्ति पाने की ओषधि है।

486. अनार्यसम्बन्धाद्वरमार्यशत्रुता।

दुष्ट व्यक्ति की मित्रता से सज्जन की शत्रुता कहीं अधिक अच्छी है।

487. निहन्ति दुर्वचनं कुलम्।

अपशब्द कुल को कलंकित कर देते हैं।

488. न पुत्र संस्पर्शात् परं सुखम्।

पुत्र के आलिंगन से बड़ा कोई सुख नहीं।

489. विवादे धर्ममनुस्मरेत्।

मतभेद हो जाने पर धर्म को ही आधार बनाकर निर्णय करना चाहिए।

490. निशान्ते कार्यं चिन्तयेत्।

प्रात:काल उठकर उस दिन किये जाने वाले काम पर विचार करना चाहिए।

491. प्रदोषे न संयोगः कर्तव्यः।

सन्ध्याकाल में स्त्री–गमन वर्जित है।

492. उपस्थितविनाशो दुर्नयं मन्यते।

विनाश के कगार पर खड़ा व्यक्ति अन्याय करने पर उतर आता है।

493. क्षीरार्थिनः किं करिण्या।

दूध के इच्छुक व्यक्ति को हथिनी की आवश्यकता नहीं होती।

494. न दानसमं वश्यम्।

दान के समान अन्य कोई वशीकरण नहीं।

495. परायत्तेषूत्कण्ठां न कुर्यात्।

दूसरे की वस्तु पर आंख नहीं गड़ानी चाहिए।

496. असत्समृद्धिरसद्भिरेव भुज्यते।

दुर्जनों की समृद्धि दुर्जनों के ही योग्य होती है।

497. निम्बफलं काकैरेव भुज्यते।

नीम के फल को कौए ही खाते हैं।

498. नाम्भोधिस्तृष्णामपोहति।

जल का भाण्डार होने पर भी समुद्र किसी की प्यास नहीं बुझा पाता।

499. बालुका अपि स्वगुणमाश्रयन्ते।

बालू भी अपने ही गुण को अपनाती है।

500. सन्तोऽसत्सु न रमन्ते।

सज्जनों को दुर्जनों से मिलकर प्रसन्नता नहीं होती।

501. हंसः प्रेतवने न रमते।

हंस श्मशान में नहीं रहता।

502. अर्थार्थं प्रवर्तते लोकः।

सारा संसार ही धन के पीछे पागल है।

503. आशया बध्यते लोकः।

सभी प्राणी आशा की डोर से बंधे हैं।

504. न चाशापरैः श्रीः सह तिष्ठति।

आशा के सहारे रहने वाले वैभव को प्राप्त नहीं कर सकते।

505. आशापरे न धैर्यम्।

आशा के सहारे काम करने वाला अधीर हो जाता है।

506. दैन्यान्मरणमुत्तमम्।

दीनता का जीवन जीने की अपेक्षा मर जाना उत्तम होता है।

507. आशा लज्जां व्यपोहति।

आशा मनुष्य को निर्लज्ज बना देती है।

508. न मात्रा सह वासः कर्तव्यः।

माता के साथ एकान्त में भी हास–परिहास नहीं करना चाहिए।

509. आत्मा न स्तोतव्यः।

अपने आप अपनी प्रशंसा नहीं करनी चाहिए।

510. न दिवा स्वप्नं कुर्यात्।

दिन में सोना नहीं चाहिए।

511. न चासन्नमपि पश्यत्यैश्वर्यान्धो न शृणोतीष्टं वाक्यम्।

ऐश्वर्य से अन्धा हुआ व्यक्ति न अपने पास बैठे किसी पूज्य व्यक्ति को देख ही पाता है और न अपने हित की बात सुन पाता है।

512. स्त्रीणां न भर्तुः परं दैवतम्।

स्त्रियों के लिए अपने पति से बढ़कर कोई अन्य देवता नहीं है।

513. तदनुवर्तनमुभयसुखम्।

पति की आज्ञा का पालन करने वाली स्त्री को इहलोक और परलोक

में सुख व लाभ प्राप्त होते हैं।

514. अतिथिमभ्यागतं पूजयेद् यथाविधिः।

अपने घर पर पधारे अतिथि का यथाविधि सत्कार करना चाहिए।

515. नास्ति हव्यस्य व्याघातः।

देवताओं के निमित्त दिया गया द्रव्य कभी नष्ट नहीं होता।

516. शत्रुर्मित्रवत् प्रतिभाति।

कभी-कभी शत्रु भी मित्र लगने लगता है।

517. मृगतृष्णा जलवद् भाति।

मृगतृष्णा रेतकणों को जल समझने की भ्रान्ति पैदा कर देती है।

518. दुर्मेधसामसच्छास्त्रं मोहयति।

शास्त्रों का ग़लत अर्थ निकालने वाले की बुद्धि उसे भटकाती रहती है।

519. सत्सङ्गः स्वर्गवासः।

सज्ज्नों का संग-साथ स्वर्ग का सुख देने वाला होता है।

520. आर्यः स्वमिव परं मन्यते।

श्रेष्ठ व्यक्ति दूसरों को भी अपने समान समझते हैं।

521. रूपानुवर्ती गुणः।

व्यक्ति में रूप के अनुसार ही गुण भी हुआ करते हैं।

522. यत्र सुखेन वर्तते तदेव स्थानम्।

व्यक्ति को जहां सुख मिले, वही स्थान उसके लिए उपयुक्त होता है।

523. विश्वासघातिनो न निष्कृतिः।

विश्वासघाती व्यक्ति के उद्धार का कोई उपाय नहीं।

524. दैवायत्तं न शोचेत्।

दैव के अधीन विषय के सम्बन्ध में सोचना व्यर्थ है।

525. आश्रितदुःखमात्मन इव मन्यते साधुः।

सज्ज्न अपने आश्रितों के दुःखों को अपना दुःख समझते हैं।

526. हृद्गतमाच्छाद्यान्यद् वदत्यनार्यः।

हृदय की बात को छिपाकर बनावटी बातें करना अनार्यता का लक्षण

है।

527. बुद्धिहीनः पिशाचतुल्यः।

बुद्धिहीन व्यक्ति पिशाच के समान निन्दनीय होता है।

528. असहायः पथि न गच्छेत्।

साथी के बिना यात्रा नहीं करनी चाहिए।

529. पुत्रो न स्तोतव्यः।

पुत्र की प्रशंसा उसके सामने नहीं करनी चाहिए।

530. स्वामी स्तोतव्योऽनुजीविभिः।

सेवक को सदा अपने स्वामी का गुणगान करना चाहिए।

531. धर्मकृत्येष्वपि स्वामिन एव घोषयेत्।

सेवक को अपने धर्मकार्य के अनुष्ठान का श्रेय भी अपने स्वामी को ही देना चाहिए।

532. राजाज्ञां नातिलङ्घयेत्।

राजा की आज्ञा का कभी उल्लंघन नहीं करना चाहिए।

533. यथाऽऽज्ञप्तं तथा कुर्यात्।

स्वामी की आज्ञानुसार ही कार्य करना चाहिए।

534. नास्ति बुद्धिमतां शत्रुः।

बुद्धिमान् व्यक्ति का कोई शत्रु नहीं होता।

535. आत्मच्छिद्रं न प्रकाशयेत्।

अपने दोषों को दूसरों पर प्रकट नहीं करना चाहिए।

536. क्षमावानेव सर्वं साधयति।

क्षमाशील व्यक्ति अपने सभी काम सहज ही सिद्ध कर लेता है।

537. आपदर्थं धनं रक्षेत्।

आपात्काल के लिए कुछ-न-कुछ धन अवश्य बचाकर रखना चाहिए।

538. साहसवतां प्रियं कर्तव्यम्।

साहसी व्यक्तियों की सदा प्रशंसा करनी चाहिए।

539. श्वः कार्यमद्य कुर्वीत्।

कल करने वाले काम को आज ही निबटा देना चाहिए।

540. आपराह्णिकं पूर्वाह्ण एव कर्तव्यम्।

दोपहर बाद निबटाने वाले काम को पूर्वाह्न में ही निबटा देना चाहिए।

541. व्यवहारानुलोमो धर्मः।

धर्म की परख व्यवहार से होती है।

542. सर्वज्ञता लोकज्ञता।

लोकव्यवहार में निपुण व्यक्ति को ही सर्वज्ञ मानना चाहिए।

543. शास्त्रज्ञोऽप्यलोकज्ञो मूर्खतुल्यः।

लोकव्यवहार से अनभिज्ञ व्यक्ति शास्त्रों का ज्ञाता होने पर भी मूर्ख के समान होता है।

544. शास्त्रप्रयोजनं तत्त्वदर्शनम्।

शास्त्रज्ञान का प्रयोजन लोकव्यवहार में निपुणता प्रदान करना है।

545. तत्त्वज्ञानं कार्यमेव प्रकाशयति।

यथार्थ ज्ञान के द्योतक तो कार्य व आचरण ही होते हैं।

546. व्यवहारे पक्षपाते न कार्यः।

न्याय करते समय पक्षपात नहीं करना चाहिए।

547. धर्मादपि व्यवहारो गरीयान्।

न्याय धर्म से बढ़कर होता है।

548. आत्मा हि व्यवहारस्य साक्षी।

व्यक्ति की आत्मा न्याय-अन्याय की साक्षी होती है।

549. सर्वसाक्षी ह्यात्मा।

आत्मा सब कर्मों की साक्षी होती है।

550. न स्यात् कूट साक्षी।

कपट रूप से साक्षी नहीं बनना चाहिए।

551. कूटसाक्षिणो नरके पतन्ति।

झूठा साक्ष्य देने वाले नरकगामी होते हैं।

552. प्रच्छन्नपापानां साक्षिणे महाभूतानि।

पञ्च महाभूत—पृथ्वी, जल, अग्नि, वायु और आकाश—मनुष्य द्वारा

छिपकर किये गये कामों के साक्षी होते हैं।

553. आत्मनः पापमात्मैव प्रकाशयति।

पापी अपने पापों को स्वयं प्रकाशित कर देता है।

554. व्यवहारेऽन्तर्गतमाचारः सूचयति।

मनुष्य के व्यवहार से उसके मन का गुप्तभाव प्रकट हो जाता है।

555. आकारसंवरणं देवानामशक्यम्।

अपने मन के भावों को देवता भी छिपा नहीं सकते।

556. चोरराजपुरुषेभ्यो वित्तं रक्षेत्।

चोरों व राज्याधिकारियों से अपनी धन की रक्षा करनी चाहिए।

557. दुर्दर्शना हि राजानः प्रजाः नाशयन्ति।

प्रजा को कठिनाई से मिलने वाला राजा अपनी प्रजा को खो बैठता है।

558. सुदर्शना हि राजानः प्रजा रञ्जयन्ति।

प्रजा का सुख-दुःख जानने वाला राजा से उसकी प्रजा सदा सन्तुष्ट रहती है।

559. न्यायुक्तं राजानं मातरं मन्यन्ते प्रजाः।

न्यायशील राजा को प्रजा अपनी माता के समान गौरव देती है।

560. तादृशः स राजा इहसुखं ततः स्वर्गमाप्नोति।

प्रजावत्सल राजा लोक में यश, सुख और वैभव को तथा परलोक में स्वर्ग-प्राप्त करता है।

561. अहिंसालक्षणो धर्मः।

अहिंसा धर्म की कसौटी है।

562. स्वशरीरमपि परशरीरं मन्यते साधुः।

सज्जन अपने शरीर को भी दूसरों के लिए मानते हैं।

563. मांसभक्षणमयुक्तं सर्वेषाम्।

मांस-भक्षण सभी प्रणियों के लिए अनुचित है।

564. न संसारभयं ज्ञानवताम्।

ज्ञानी व्यक्तियों को संसार के मान-अपमान, यश-अपयश, हानि-लाभ

व जीवन–मरण आदि का भय नहीं सताता।

565. विज्ञानदीपेन संसारभयं निवर्तते।

ब्रह्मज्ञान के दीपक से संसार के दु:खों का भयरूपी अन्धकार नष्ट हो जाता है।

566. सर्वमनित्यं भवति।

संसार में जो कुछ भी दिखाई देता है, वह सब नश्वर है।

567. कृमिशकृन्मूत्रभाजनं शरीरं पुण्यपापजन्महेतुः।

कीड़े–मकोड़ों व मल–मूत्र से भरा यह शरीर पाप–पुण्यों का आधार है।

568. जन्ममरणादिषु दु:खमेव।

जन्म और मरण—दोनों में दु:ख–ही–दु:ख है।

569. तेभ्यस्तर्तुं प्रयतेत।

बुद्धिमान् व्यक्ति को जन्म–मरण से मुक्ति का प्रयास करना चाहिए।

570. तपसा स्वर्गमाप्नोति।

तप के द्वारा मनुष्य स्वर्ग–लाभ कर लेता है।

571. क्षमायुक्तस्य तपो विवर्धते।

क्षमाशील व्यक्ति का तप बढ़ता ही जाता है।

572. तस्मात् सर्वेषां कार्यसिद्धिर्भवति।

तप के द्वारा प्रत्येक व्यक्ति अपने सभी कामों को सिद्ध कर सकता है।

॥ चाणक्य सूत्र समाप्त ॥

*

पाठकों के उपयोगार्थ